团队领导力

不会控场怎么带团队

周剑熙 ◎ 著

中国商业出版社

图书在版编目（CIP）数据

团队领导力 / 周剑熙著. —— 北京：中国商业出版社，2018.12

ISBN 978-7-5208-0625-1

Ⅰ.①团… Ⅱ.①周… Ⅲ.①企业管理-组织管理学 Ⅳ.①F272.9

中国版本图书馆CIP数据核字(2018)第279310号

责任编辑：张新壮　张盈

中国商业出版社出版发行

010-63180647　www.c-cbook.com

（100053　北京广安门内报国寺1号）

新华书店经销

北京富泰印刷有限责任公司印刷

*

710毫米×1000毫米　1/16开　18.5印张　246千字

2019年2月第1版　2019年2月第1次印刷

定价：58.00元

****

（如有印装质量问题可更换）

前言

美国"钢铁大王"安德鲁·卡内基曾用这样一句话来形容团队的价值:"带走我的团队,留下我的工厂,不久后工厂会长满杂草;而拿走我的工厂,留下我的团队,不久后会有个更好的工厂。"这足以说明团队之于企业的重要性。

正因为认识到团队的重要性,联想集团创始人柳传志才会说:"做企业就是三件事——搭班子、定战略、带队伍。"管理者怎样带团队,关系到其对团队的影响力和掌控力,也直接决定了团队是"羊群"还是"狼群"。

移动互联网时代,"创新"和"快速"成为企业关注的热词。企业间的竞争,归根结底是企业核心团队的竞争,是团队学习力和执行力的竞争。团队的战斗力直接决定了企业的创新效能和快速反应能力。因此,管理者如何带团队,如何掌控团队,应该提升到战略层面加以考虑。

多年来,我调研走访过上千家企业,发现其中有很多优秀的企业,它们的管理者都拥有出色的控场能力,并由此孵化出一支支凝聚力超强的团队。这让我意识到:未来团队之间的竞争,其实就是团队领袖控场能力的比拼。领袖的控场能力决定了团队的竞争力,善于控场的领袖才能打造出战无不胜、攻无不克的铁血团队。

许多管理者经常困于以下问题：

"为什么工作安排得不到有效执行？"

"为什么我跟员工讲道理，员工却跟我讲蛮理？"

"为什么怎么鼓励，都无法提升员工的积极性？"

"为什么员工总是缺乏协作意识，各自为战？"

"为什么团队没有凝聚力，分歧、矛盾和冲突不断？"

……

产生这些问题的根本原因，是管理者对团队没有实现有效的控场。那么，控场究竟是一种什么样的能力呢？

控场是领导学的一种核心能力，是管理者气场、影响力和领导力的综合体现。美国通俗心理学家菲尔图先生曾说过："当你学会了控场，世界都会听话！"管理者学会了控场，就意味着拥有了指挥团队的魔法棒，意味着影响力和威望大增，在任何时候，你的出现会自带气场，你的发言充满感染力，你的动员充满号召力。

胸怀远大、气定神闲、把控节点、学会授权、善于沟通、懂得监督、营造氛围、勇于担责……管理者如能掌握最能调动员工积极性、最能影响人心的关键点，自然控场十足。从现在开始，翻开本书，学着做一位荣辱不惊、从容淡定的控场高手吧！

第一章
为什么管理精英都是控场高手

> 获得投资,掌控团队,鼓舞士气……想要做好这些事,管理者就不能缺少强大的控场力。事实上,管理精英都是控场高手,他们能轻而易举地左右谈判的走向,引导他人进入自己的思维频道,在他人毫无察觉之际达成目的。

一、控场就是吸引他人并传达你的思想 /3

二、获取他人信任是控场的前提 /7

三、用你的言行影响并控制他人的言行 /11

四、强大的气场是控场高手的撒手锏 /15

五、别把被控者当成你的对手 /20

六、学会了控场,团队尽在掌控中 /24

第二章
借影响力提升管理气场

> 带团队出绩效,靠的不是管理者手中的权力,更多的是靠管理者的人格魅力和非权力影响力。因此,要想有效地掌控团队,带领团队达成业绩目标,管理者就必须重视个人影响力的提升,借影响力掌控全局才是管理的王道。

一、管理需要"王道"而非"霸道" /31

二、大胸怀、大气度成就卓越领导力 /35

三、放下架子不会影响你的气场 /40

四、说什么不重要，重要的是你怎么做 /44

五、镇得住大场面的人都是情绪控制高手 /48

六、没有什么比敢于担当更能提升影响力 /52

七、"刺猬效应"背后的控场秘密 /57

第三章
带团队只需做好五件事

> 带团队只需做好五件事：制定目标，设定标准，用好人才，营造气氛，激励人心。做好了这五件事，团队就会在你的牢牢掌控之下，一切的问题都不再是问题。

一、用清晰目标规划团队奋斗的方向 /67

二、量化的指标才能让大家明白你想要的结果 /72

三、第三件事：选用育留，每个环节都影响团队的兴衰 /77

四、营造竞争与合作并存的团队氛围 /85

五、管理高手都是最优秀的激励者 /89

第四章
把控节点就是把控流程

> 企业界有个说法，即"管理就是走流程"。企业流程明晰，但管理者依然难以实现对团队的完美控场，原因出在哪里？其实是没有把控节点，导致流程的上一环与下一环脱节，最终对执行失去了控制。可以说，把控节点就是把控流程，把控流程才能掌控全局。

一、把控好节点就管住了全部流程 /95

二、抓好决策、计划、执行三大节点 /98

三、用时间、质量控制来设计节点 /104

四、对照目标与进度表来控制节点　/107

　　五、不断优化节点以提升流程运行效率　/110

第五章
授权的本质是用好关键的人才

> 没有授权，就没有管理。管理的本质就是授权，即做出决策，制定目标，量化指标，分配任务，权责到位，监督执行，评估执行效果。而授权的好坏，关键在于用对人。用对了人，人才的价值就可以得到最大发挥，有效掌控团队自然游刃有余。

　　一、忙死的领导VS闲死的下属　/117

　　二、指定：根据任务授权给最佳人选　/122

　　三、委派：清楚地下达任务指令　/126

　　四、授责：明确告知授权责任　/130

　　五、授权：明确授权权限　/133

　　六、控制：授权后还需定期接受汇报　/137

　　七、评估：终止授权并评估授权效果　/141

第六章
精准沟通力就是思想驾驭力

> 松下幸之助曾说："企业管理过去是沟通，现在是沟通，未来还是沟通。"沟通如同企业的血管，贯穿于企业运营的每一个环节。任何支流堵塞，都可能引起整体瘫痪。可以说，提升沟通力就是提升领导力，就是提升对团队的控场力。

　　一、高明的管理者都是演说家　/147

　　二、讲道理的人永远赢不了讲故事的人　/150

　　三、引导式沟通充分调动对方的情绪　/155

　　四、委婉含蓄的话语更能抵达人心　/159

五、反复强调拆掉员工思维里的"墙" /163

六、激将法帮你牢牢牵住"牛鼻子" /167

七、懂得倾听才能了解员工的真实想法 /171

第七章
没有监督就没有执行力

> 杰克·韦尔奇曾经感慨:"到现在为止,还有许多领导以为员工对他讲什么感兴趣,其实员工只对领导检查什么感兴趣。"管理者检查什么,员工才会重视什么,才会做好什么。如果没有监督检查,寄希望于员工的自动自发,很难保证员工最终的执行效果。

一、员工不做你想要的,只做你检查的 /177

二、你的精力有限,只需盯紧直接责任人 /181

三、阶段性沟通——确保对情况了如指掌 /184

四、走动式管理——及时掌握第一手资料 /188

五、"全员监督制"彻底解放管理者 /192

六、坚决落实问责制,提升监督影响力 /196

第八章
合理考核是业绩的有力保障

> 企业以追求效益为终极目标,效益好坏由员工的业绩决定。因此,公平合理的绩效考核不能少。团队有考核,并根据员工的业绩定薪酬,员工才有压力和动力。所以说,合理考核是员工业绩的有力保障,也是企业效益的有效支撑。

一、执行没结果,企业没利润 /203

二、绩效好薪资就应该高 /207

三、保证绩效考核的客观性和公正性 /210

四、绩效考核的根本目的是提升绩效 /214

五、在固定的周期内进行绩效考核 /218

六、把晋升和降职纳入绩效奖惩制度 /222

第九章
打造超凝聚力的狼性团队

> 古话说得好:"兄弟同心,其利断金。"对企业来说,凝聚力就是战斗力,就是竞争的硬实力。有了超强的凝聚力,企业才具备了打胜仗的保证。管理者应努力打造超凝聚力的狼性团队,从而实现对团队的完美控场。

一、目标和利益是人心最好的黏合剂 /229

二、合理配置人才,保证团队效率最大化 /234

三、美好的愿景更能唤起大家的激情 /238

四、定期给员工继续学习和成长的机会 /242

五、塑造"以奋斗者为本"的企业文化 /246

六、没有分歧的团队才能拧成一股绳 /249

第十章
别让危机动摇你的控制力

> 每个企业都有可能遭遇危机,应对危机最好的办法是防范。没有防范意识和应急预案,一旦爆发危机,将会直接导致企业正常的运营中断、失控,使企业形象蒙受损失。因此,提高危机防范意识,才不会让危机动摇你对企业的控制力。

一、做最坏的打算才有最好的准备 /255

二、勇于承担自己应该承担的责任 /259

三、多个渠道主动说明事实真相 /263

四、抓住"黄金8小时"控制住事态 /268

五、请有影响力的第三者为你解释 /273

六、危机处理不能顾此失彼 /276

七、危机善后:安抚,总结,整顿,重塑 /280

第一章
为什么管理精英都是控场高手

获得投资，掌控团队，鼓舞士气……想要做好这些事，管理者就不能缺少强大的控场力。事实上，管理精英都是控场高手，他们能轻而易举地左右谈判的走向，引导他人进入自己的思维频道，在他人毫无察觉之际达成目的。

一、控场就是吸引他人并传达你的思想

古今中外,那些伟大的政治家和卓越的精英人士往往都有着强大的气场和领袖气质。无论是政界领袖(如毛泽东、周恩来等),还是商界领袖(如杰克·韦尔奇、比尔·盖茨、松下幸之助、马云等),他们都是善于表达的演讲大师,也是善于控场的团队领袖。

所谓控场,指的是吸引人、传递思想、控制他人的力量,是一个人能力、智慧、气场和素质的综合反映。一个具有强大控场力的人,所到之处总有特别的吸引力,走到哪里都会大受欢迎,所说的话能使别人从心底里佩服,从而赢得他人的好感、认同和支持,最终顺利达到自己的目的。

在一个行业座谈会上,主持人打趣地问一位企业家:"假如让你在肖邦和希特勒这两个人中选择一个作为你的朋友,你会选谁?"这位企业家心想:如果我选择和肖邦为友,就会落入俗套,显示不出自己有什么与众不同的地方;但是如果我选择希特勒,回答不慎就会招致批评和嘲笑。沉思数秒,他果断地回答道:"我会选择与希特勒为友。"主持人和台下的观众都感到惊愕,追问为什么,这位企业家巧妙地解释道:"我希望成为希

特勒的朋友是为了设法感化他，这样的话也许第二次世界大战就不会发生，也不会死那么多人了！"这种机智聪慧的回答，立刻赢得了台下观众的热烈掌声。那位企业家不但扭转了尴尬的状况，还向大家暗示了自己是与众不同的人。

在企业管理中，一个拥有出众控场能力的管理者，可以毫不费力地获得下属的认同和追随，从而完美地掌控团队。对管理人士来说，优秀的控场能力既可以充分地展示自己，有效地影响别人，又可以提高领导力，更好地实现企业发展目标。

在某公司的例会上，生产部主管吴征对于总经理关于产品质量问题的处理不是很满意。在总经理征求大家意见时，吴征说："总经理说得对，产品质量问题我们的确应该高度重视，这是企业生存的根本。我认为，除了加强产品质量监督机制，还必须提高全体员工的质量意识。据我观察，很多员工也明白质量的重要性，但由于质量意识不强，在工作时容易疏忽大意，这股不良风气必须刹住，否则质量问题是很难根除的。产品质量出了问题，该严惩的是必须严惩，但从长远来看，我建议公司对员工进行质量意识培训，教给大家提升产品质量的系统的方法，这样公司才能更快地把产品质量提升一个档次。"

听了这番话，总经理不断点头，高度肯定了吴征的建议，其他部门主管也纷纷表示有道理。不久，公司就按照吴征的建议，开展了质量意识培训活动。

作为管理者，说出的话是希望得到认同的，提出的建议是希望得到采纳的。这就离不开超强的控场能力，学会了控场，你就能轻松吸引他人并传达你的思想。善于控场的管理者，能把普通平常的话题讲得引人入胜，而不会控场的管理者即使讲的内容再好，听起来也会让人觉得索然无味。善于控场的管理者能把某些建议一说就通，而不善于控场的管理者却连说话的机会都没有。这就是控场的价值所在。

要想控场，首先要有以下两个先决条件。

1. 抛出一个有吸引力的"诱饵"

钓鱼的人都知道，想要钓到鱼，必须先抛出一个有吸引力的诱饵，把鱼吸引过来，这样鱼才可能上钩，钓鱼者才能钓到鱼。同样，如果我们想完美地控场，也必须抛出一个有吸引力的"诱饵"，这个诱饵可以归纳为"对方感兴趣的话题"。比如，一本万利的商机、对方关心的问题、有悬念的疑问等等。有了这个"诱饵"，对方就会被你吸引，并翘首以盼地听你讲下去。这样你才有机会表达自己的思想，设法赢得对方的认同。

我认识很多有想法的创业者，也帮助他们中的一些人联系过风险投资的负责人。在与风险投资负责人分享自己的想法时，创业者往往经不住投资人的连续发问，在沟通的场面上一直处于被动。于是，风险投资家放弃了投资。因为他们无法被吸引，无法被创业者的思想所影响。

2. 自然地引导他人进入你的地盘

有了诱饵的吸引，你就可以从容地引导对方进入你的地盘，认真聆听你的思想。不管是在对外谈判中，还是对内沟通，管理者都需要发挥引导的力量。你可以用下面的话来引导他人：

"工作效率提高了，绩效上来了，工资自然就水涨船高了，这么说没错吧？"（鼓励下属提高工作效率时）

"现代人对工作环境越来越重视，特别是个人的办公桌环境，相信您也是这样吧？"（说服下属整理好个人办公桌上的物品时）

"归根结底，人才决定了企业的发展，我可以这么说吗？"（向上司推荐人才时）

"既然聊得这么愉快，那我就借这个机会，和您说一下我的想法，您看可以吗？"（你想和下属分享想法时）

……

切记，一定要自然地引导，这样才不会破坏整个谈话的氛围。同时，你可以以商量、征询的口气来引导，这样会给下属一种被尊重和被重视的感觉。当对方被你引导到你的地盘后，他就会心甘情愿地接受你的影响和控制。也就是说，你已经成功控场了。

二、获取他人信任是控场的前提

管理者在带团队的过程中,无时无刻都离不开说服和传递影响力,这两点在某种程度上这决定了一个团队的命运。说服他人接受自己的观点、意见,按照自己的办法去执行任务,前提是要设法赢得他人的信任。有了信任,对方才会放下防御心理,才会接受你的影响,场面才会在你的掌控之中。

一位当警察的朋友曾经给我讲了一个救人的故事:

那天,警局接到报警,说一名女孩站在一栋高楼的屋顶边上,准备自杀。到了现场,他以最快的速度爬到楼顶,他尽量稳住呼吸,慢慢走向那个女孩。在离女孩十几米的地方,他停了下来。他开始尝试获取对方的信任,然后控制住场面。他表现得非常温和,就像朋友一样站在那里耐心倾听对方。他得知女孩因为情感被欺骗而绝望,打算离开这个世界。

"为什么别人可以拥有甜蜜的爱情,我却不能!我真的不想再痛苦下去了!"女孩哽咽道。

"是的,姑娘,我非常理解你,我也曾经被爱人抛弃过。"他采用同理

心战术。

"哦,是吗?你骗我,你只是想安慰我才这么说的。"女孩并不相信他。

"你愿意听听我的故事吗?"他很真诚地问对方,看到女孩点点头,他给女孩讲了一段自己的失败婚姻,使女孩的情绪慢慢平静了下来。最后,女孩相信了他,并放弃了自杀的念头。

在这个世界上,很多人对事物的看法都是不同的。当沟通中遇到与你意见不一致的情况时,不能采取强制的办法让对方与你保持统一。哪怕你是企业管理者,你也不能强迫下属认同你的观点,你唯一能做的是设法获取他们的信任,然后通过有效的控场,让他们心悦诚服地接受你的意见。

接下来,我们来聊一聊获取他人信任的方法,以便为控场做好准备。

1. 用良好的形象获取他人的信任

我们总有这样的感觉:对某个人印象好,就会对他评价较高,容易信任他,并愿意与之合作。反之,如果对方没有给你留下好印象,你就可能不太愿意与之打交道。这就是一个人形象的重要性。

形象是指一个人留给他人的总体印象,是通过人的相貌、衣着、语言、性格、气质、态度来综合体现的,它在很大程度上决定了一个人在别人心目中的价值。你的形象决定了别人对你的印象。如果你的形象较好,就比较容易得到他人的信任。

美国著名形象设计师莫利,曾对美国《财富》排名前300名公司中的100名执行总裁做过一项调查,结果显示:97%的人认为懂得并能够展示外表魅力的人,在公司中有更多的升迁机会;100%的人认为若有关于商务着装的课,他们会送子女去学习;93%的人会由于首次面试中申请人不合适的穿着而拒绝录用;92%的人不会选用不懂穿着的人做自己的助手。可见,形象多么重要。

当年李嘉诚在做销售员时,特别注重自己的形象,他通过形象包装来获取客户的信任，从而推销自己及产品。他认为，一个优秀销售员的包装，服装是其一，还包括言谈举止、行为修养。他要求自己保持绅士风度，努力表现出谦和、稳重、诚恳、和气的形象气质。这使得他很容易获得客户的信任。

2. 让对方觉得你是"自己人"

林肯曾经说过："一滴蜜比一加仑胆汁能够捕到更多的苍蝇。"人也是如此，想让别人信任你、认同你，你就要先让他觉得你是"自己人"，你在处处为他着想，他的心思你明白，这样就会让人放下戒备心理，接受你的影响。

2017年，京东创始人兼CEO刘强东宣布：凡是在公司工作五年以上的老员工，如果得病保险报销之外的钱，不管花多少，公司出！公司不会不管兄弟，不希望一人重病穷三代的事发生在京东兄弟身上！一日京东人，一世京东情！

刘强东对员工有情有义，把员工当成自己人。自然，员工也会把他当成自己人，心甘情愿地跟随他，为京东的发展贡献力量。

作为管理者，除了多给员工提供好的福利，让员工产生主人翁意识，在日常的管理中，也应该对员工表达关怀，让员工感受到你的诚恳和实在，让员工觉得你是自己人，这样员工才会信任你。比如，在与下属交流思想时，切勿高谈阔论，而要心贴心地聊聊家常，拉近与下属的距离，这样下属更愿意敞开心扉，对你表露内心的真实想法。

3. 让自己成为某个领域的专家

某医院的很多病人不太配合理疗师的建议，坚持去做日常锻炼。在一番问卷调查后，医院得知：病人不配合是因为他们不了解理疗师的专业资质。当理疗师将自己的资质证书、奖状等挂在墙上之后，病人的配合率增加了34%。

对于专家，人们总有一种无法抵制的信任感。因为专家代表权威，权威代表正确，正确的东西值得信任。这就是权威原理。因此，让自己成为某个领域的专家，或借用专家的观点、专业机构的数据，可以提升你言论的影响力，从而赢得他人的信任。具体可以这样做：

（1）把你的专长、耀眼的履历、成功故事展示出来。不要想当然地认为，下属或客户知道你的光辉履历和专业资质，而要适时地展示。这并不是鼓励你自吹自擂，而是在沟通中不经意地透露出来。

（2）借助权威的力量为自己开路。比如，一些新上任的管理者没有光辉的履历，也没有专业的资质，就可以巧妙地借助权威的力量，去赢得下属的信任和支持。比如，引用总裁的指示，透露与某位有影响力的企业家的关系等。

（3）引用权威的数据、名言、经典案例。恰到好处地引用权威的数据、名言、经典案例，也可以制造权威效应。比如，马云刚创业时，跟员工讲"互联网将改变世界"，大家都不相信。后来，马云换了说法，说"比尔·盖茨说互联网将改变世界"，大家就很容易相信了。

三、用你的言行影响并控制他人的言行

作为控场者,你的目标很明确,就是让他人听从你的安排。虽然这对于很多人来说确实有点难,但真正出色的控场者总能找到突破口,用自己的言行去影响并控制他人的言行,从而实现自己的终极目标。

汉克斯是一家大型电子商务公司的老板。一天,员工瑞奇来到他的办公室,向他提出加薪的请求。瑞奇是个职场"老狐狸",仗着资历老,又掌握着较为专业的技术,工作经常偷奸耍滑。他首先向汉克斯介绍了自己近两个季度的业绩,以及下一阶段的工作规划。

汉克斯明白瑞奇的意图,他一边微笑着耐心倾听瑞奇的话,一边拿着笔认真地做着记录。瑞奇以为他的加薪理由征服了汉克斯,于是更加滔滔不绝地吹嘘自己的能力和对公司的重要性。终于,在陈述了10多分钟之后,瑞奇放慢了语速,他已经把要说的都说了个遍。

汉克斯试探性地问了一句:"瑞奇,你还有什么加薪理由要说吗?"

瑞奇摇了摇头:"该说的我刚才都说了,我已经充分表明了我的态度和立场,现在需要你考虑一下我提出的请求。"

汉克斯微笑着说："是这样，瑞奇，我作为公司老板，有必要跟你交个底，你要求的加薪幅度超出了公司的预期，而且老实说，你的业绩并未达到公司设置的标准。我希望你收回加薪请求，在接下来的一个季度把业绩提上去，到时候我们再来谈加薪的问题，你觉得怎么样？"

"哦，那根本不可能，你要知道，我已经半年没有加薪了，像我这样稀缺的人才，走到哪里都是抢手货，这一点你肯定清楚。"瑞奇表示出非常坚定的态度。"是吗？那我代表公司感谢你的付出，你对公司确实很重要。"稍作停顿后，汉克斯说："其实话说回来，工作绩效上来了，工资自然就水涨船高了，这么说没错吧？那为何不在接下来的季度里证明一下自己，用业绩说话呢？而且只要你业绩上来了，公司会一分不少地给你相应的提成，还会给你奖金和加薪。你觉得如何？"

"哦，这听起来很诱人，我想是应该把握机会了。"就这样瑞奇被汉克斯说服了，收回了加薪请求，表示愿意在接下来的季度提高业绩。

在这场员工与老板的语言交锋中，老板汉克斯充分发挥了控场能力，用自己的言行影响并控制了员工瑞奇的言行，最终说服了瑞奇放弃加薪的要求。看，控场者的目的达到了。

作为管理者，在带团队的过程中，要想更好地用自己的言行影响并控制他人的言行，有效地掌控团队，需要掌握以下几点控场技巧：

1. 亮出筹码

说服他人最有效的工具之一就是你得有个好筹码。我曾经帮助一家公司说服当地政府给他们降低税点，我的筹码——这家公司发展得好不好，会影响到当地的一条产业链。如果这家公司做大做强了，很多相关的企业也会随之强大，政府会得到更多的税收，并且这些企业会给当地解决更多的就业问题，这比起单独让这家公司多贡献税收有意义得多。反之，如果这家企业忍受不了高税收，跑到其他地方做生意，对当地会有哪些不利影响呢？

能够用于说服他人的筹码有很多，比如，你能给对方带去什么好处，你与对方的利害关系等，都可以是可交换的筹码。这种可交换性的意义在于：可以满足对方的需求，而不只是单纯地让对方为你做出改变。这样才能够有效地打动对方。

2. 说压力点

害怕压力是人的天性，因为压力意味着束缚，它和痛苦、失败捆绑在一起。人们都不愿意失去自由，也不愿意接受失败。所以，大多数人都讨厌压力。掌握了人性的这一弱点，你就能理解"压力点"的威力。

从本质上来说，压力点是一种心理暗示，它可以弥补筹码不足，让对方产生"如果不听你的，情况就会非常糟糕"的潜意识。事实上，压力点就是不良的影响和可怕的后果。负面影响越大，后果越可怕，给他人造成的压力就越大。

比如，你想说服员工加班，除了给出可交换性的筹码——加班费，你还可以抛出压力点——如果不加班完成这批货，不能准时交货，客户一旦毁约，起诉我们公司，那我们公司不仅仅会损失一笔到手的生意，还会为此付出很大的经济代价，公司年底就没钱给大家发年终奖了。这样一来，相信员工被你说服的概率就会增加很多。

3. 抓住弱点

看过职业拳击比赛吗？当两个实力相当的拳击手经过多个回合的较量后，谁先找到对方的弱点，然后予以痛击，谁取胜的机率就会大增。控场过程中，主控者与被控者的角色就如同两个拳击手，谁能找到对方的弱点，谁就会成为主控者，反之就会成为被控者。

管理者肯定不希望成为被控者。那么，就要善于找到对方的弱点，这样你才容易影响并控制对方。比如，我的一个朋友在一家科技公司担任部门主管，为了在公司成为更有影响力的人，他经常巧妙地对上司王总施加

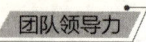

影响。

有一次，公司企划部制作内刊向各部门征稿，我朋友提交了一篇名为《王总的另一面》的文章，记录了初查过程中与王总互动的小事。当然，在基本尊重事实的基础上，添加了溢美之词。文章在公司内部发表后，王总对他的态度明显好了很多。

4. 请求暂停

看过篮球比赛的人都知道，主教练经常会喊暂停。比如，当球队失误较多，连续丢分，或气势上落后于对方时，主教练就会叫暂停。这样做的好处是，一方面通过停顿的方式制约对方强盛的势头，另一方面可以改变战术，给队员时间去调整状态。这就是主教练控场力的表现。

作为管理者，你也可以在交谈中"请求暂停"，来制约对方的言行。比如，对方情绪比较激动时，你可以及时"喊停"。喊停不一定就是说："停下来，先不聊了！"你可以给对方倒杯水，或递给对方一支烟，为对方点上火，迫使对话中断，防止对方情绪失控。等对方情绪平复后，你再对他施加影响、说服对方，从而达到控场目的。

四、强大的气场是控场高手的撒手锏

在争论不休的公司会议上，在人声嘈杂的产品发布会现场，有些企业领导一现身、一发言，现场的气氛马上发生变化。原先嘈杂的声响自动消失，骚动的人群马上安静，大家似乎在翘首以待，等着听他们的"高见"。然后，随着他们发言的进行，大家的思路不自觉地随之而动，一切都被他们掌控了。为什么他们身上有这样一种神奇的力量，让周围的人不知不觉受到影响呢？答案是他们气场强大。

所谓气场，是指一个人气质对其周围人产生的影响。对团队领袖来说，气场就是在带团队的过程中散发出来的影响力，以及这种影响力引发的员工对其产生的追随力。简而言之，就是你能影响多少人，你能让多少人信任你，心甘情愿地追随你。有了强大的气场，才能遇事不慌，才能有效地控场，继而带领团队有效地解决问题。

在一次产品发布会上，现场有些嘈杂和混乱，记者、客户、用户七嘴八舌地提问，主持人忙着协调，不断提醒大家安静。可是当公司营销经理田女士出现后，她只是做了个请大家安静的手势（伸出右手，手掌朝下，轻轻地往下晃动两三次），现场就安静了下来。然后，她用抑扬顿挫的语调介绍公司的新产品。紧接着，她拿出一款产品，现场为大家演示如何操作。

整个发言几乎没有预热，完全是临场发挥，但却表达流畅，逻辑清晰。大家听了她的发言之后，对新产品有了更坚定的信心。然后，她说了声："好了，新产品就介绍到这里，现在大家对新产品有什么看法和疑问，可以提出来！"就这样，现场的气氛被她掌控了，大家很有秩序地逐个提问。

从田女士身上，我们感受到了什么是气场。气场不是因为她身居要职，也不是因为她善于表达，更不是因为她说话声音大。而是她由内而外散发出来的领袖气质和个人魅力，是那种从容、淡定、遇事不慌乱的心理素质。在这种心理素质的背后，彰显的是内在领导力。

何为领导力呢？它包括以下五种能力，如图1-1所示：

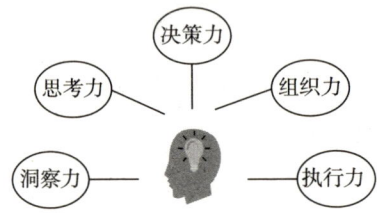

图1-1　内在领导力——控场型领袖的气场来源

1. 洞察力

在一个团队中，领导看问题应该比任何人都要长远、深刻，要多想一步、多考虑一层。这种洞察是有目的和计划的，不是天马行空般地乱想。比如，大家看到了问题的表面，领导者应该看到问题的本质。这样，领导说出的观点就能令人信服。

洞察是观察的深入，观察看表面，洞察看内在；观察产生记录，洞察获得推理；观察是信息和资料的陈列，洞察是对这些内容的归纳；观察是大脑和眼睛的结合，洞察是大脑、眼睛和知识经验的结合；观察只是为了了解情况，洞察是为了预测未来。在观察的基础上洞察事物本质的能力，是团队领袖不可或缺的能力。

2. 思考力

思考是行动的基础，没有思考的行动只是蛮干。团队领袖在带领大家行动之前，必然要有周密的调查、深入的分析思考和科学的部署。这样才能保证行动取得好的结果。

3. 决策力

俗话说："条条大路通罗马。"想要到达目的地，你可以走很多不同的线路。每个人都会去选择，但优秀的团队领袖会选择最近的、最有利或最有效率的那条路线，而不是随便选一条路线就去行动。这种选择能力就是决策，是控场型团队领袖必须具备的能力。

4. 组织力

企业、部门或团队，都是人的集合体。有人的地方就有江湖，有人的地方就免不了纷争。团队内部成员之间少不了利益之争和意见冲突，摩擦是十分常见的。领导的一个任务就是协调这些冲突，并将大家凝聚在一起，为共同的目标去努力。在这个过程中，领导需要指挥大家各司其职，需要组织大家行动一致，这就是组织力。

5. 执行力

世界上所有天才般的想法，所有创新的举措，到最后都需要落实到日常工作中，这就是执行。执行看似是各个员工要做的事，但终归是团队领导应该严抓的事。比如，领导要制定执行方案，要授权员工负责各方面的工作，要监督大家执行，这就是领导者应该具备的执行力。做好了这些环节的工作，才能确保下属按照你的意图去执行，在你的控制范围之内达到目标。

当然，控场型团队领袖的强大气场除了来源于内在的领导力，还来自于外在的形象力。这种形象力主要体现于以下几点，如图1-2所示：

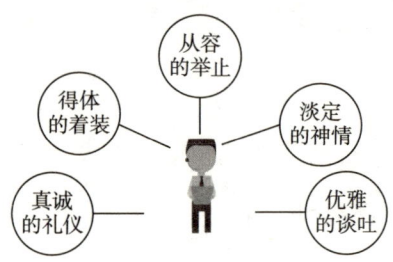

图1-2 外在形象力——控场型领袖的气场来源

（1）真诚的礼仪。在遵守基本的行为准则和礼仪的前提下，发自内心地表达你的真诚和友好最能吸引人，最能赢得他人的好感。比如，真实的微笑，有力量的握手，都能传递你的魅力。

（2）得体的着装。好马配好鞍，关键在于"配"。你出现在什么场合，就应该穿与那个场合相配的服装，这样最能彰显你的气质。比如，去生产一线视察，穿工作服，戴安全帽；参加产品发布会，穿正装等。

（3）从容的举止。坐有坐相，站有站相。通过坐姿和站姿，就能看出一个领导是否有气场。以坐姿为例，椅子坐一半留一半，跷一个比较收敛的二郎腿，上身向前微倾，这是一种具有压制气势的身体语言，有利于更好地控场。以行走的姿态为例，要步态稳重，既不要小碎步走路，也不要像军人走正步那样迈大步，要保持自然和放松，切勿畏畏缩缩。

（4）淡定的神情。眼神是释放一个人气场的窗口，看人的神情，散发着你的气场。从上向下俯视对方，是威慑对方、营造气场的一个好办法。反之，就代表你被对方压制了。当你遇到比自己强大的人时，不要提前乱了阵脚，不要东张西望，双手不要不受控制地摸来抹去，别乱晃，别紧张。而要保持自信的微笑，稳重的身体姿态，把心态放松下来与之打交道。

（5）优雅的谈吐。谈吐即口才，这是展现气场和控场力的最常规武器。优雅的谈吐表现为文明发言，不抢话、不插话、不说脏话；有逻辑地发言，思路清晰，逻辑鲜明，主题突出，让人一听就明白；通俗地表达，多用口语，少用专业术语，多打比方，多讲故事，少讲抽象的理论和大道理。

五、别把被控者当成你的对手

  作为一个控场者,你的终极目的是引导并制约对方,让对方按照你希望的那样行事。这个过程是来不得半点"强硬"的,可我发现有些管理者,他们总是像对待对手,甚至像对待敌人那样,试图通过"攻击"对方来实现控场,结果就会反其道而行了。

  约翰尼是一家汽车公司销售经理,在最初担任经理一职时,他总是跟下属发生不愉快的争吵,惹得下属大为不满。明明下属的业绩尚可,他不去肯定下属,反而挑下属的毛病。事实上,他也想帮助下属变得更好,进一步提高业绩。

  有一次,他批评一位销售员对待客户的态度有问题,销售员解释了几句,表示是客户蛮不讲理,结果约翰尼马上勃然大怒,立即冲对方吼道:"你做错了不承认,还顶嘴是吧?不要找理由,客户是上帝,客户怎么做都是对的!"

  类似这种不愉快的沟通在约翰尼身上经常发生,下属们都觉得与他相处是一件痛苦的事情。因此,销售部的人员流动率很高,这导致他的销售团队总是处于动荡中。后来，约翰尼的朋友建议他别把下属当成对手，日常沟通中要多夸奖下属，尤其是在指正下属工作上的不足之前，要先肯定下属好的表现，这样下属才会乐意接受他的指正和批评。

约翰尼接受了朋友的建议，从那以后，他与下属的相处变得愉快许多。他带领的销售团队变得越来越稳定，团队的业绩也不断刷新纪录。

当他人被你气得晕头转向时，你还指望他能够接受你的想法吗？所以，你必须明确一点，被控者并非你的对手，他们只是你控场的对象。高明的控场者可以在任何场合，面对任何对象，用不伤和气的方式制约对方。这样不但能够实现自己的终极目的，还能维护好人际关系。

怎样才能在不伤和气的情况下制约对方，实现完美控场呢？

1. 避免同他人进行无意义的争辩

争强好胜是人的天性。有些管理者在发现与他人观点不同、意见不一致时，总是设法证明对方是错的，自己是对的。为此，他们会直接反驳对方，斥责对方的观点多么可笑，以为这样能够促使对方认同自己的观点。殊不知，这种做法是极其愚蠢的，不但无法说服对方接受自己的观点，反而会造成交谈的场面失控，导致双方的关系恶化。

本杰明·富兰克林年轻时，特别喜欢与他人争辩。当时他与镇上一个小伙子关系很好，两人都喜欢争辩，经常为了某个无关紧要的问题，非要争个输赢，以驳倒对方为荣。这让他养成了爱争论的毛病。

由于喜欢与人争辩，富兰克林得罪了很多人，人际关系非常糟糕。慢慢地，他发现除了律师、大学生和一些特别的人外，对于大多数人来说，争论是非常不好的习惯。于是，他决定改变争论的习惯。通过阅读大量的书籍，富兰克林放弃了率性的反驳和绝对的争辩，从而让他成为一个谦逊的提问者，这使得他彻底改变了自己在人们心中的形象。

永远不要与他人进行无意义的争辩，那只会引起别人的反感。如果你想成为控场者，想说服对方，那就不要试图证明对方是错的。对于管理者

而言,控场的目的不是控制他人,否则一旦被察觉,就会引起对方的对抗和逆反情绪,反而将事情变得糟糕。真正的控场是善于引导现场氛围,引导他人接受你的思想,博得他人的好感,建立起人与人之间的友好连接,从而达到掌控团队的目的。

2. 用你的胸怀去接纳他人的无理

人与人之间就某件事产生分歧是再正常不过的。很多人在产生分歧之后,首先想到的是通过争吵来占据主动,以达到控场的目的。为此,他们会无理取闹,用大嗓门去压制对方。如果你遇到了这种情况,你会怎么应对呢?我们先来看看某餐厅发生的一幕:

"服务员!你过来!你过来!"一位男顾客高声喊叫,愤怒地指着杯子说,"看看!你们的牛奶是坏的,把我一杯红茶都糟蹋了!"

餐厅经理微笑着说:"真对不起!我立刻给您换一杯。"

很快,餐厅经理就端来了一杯红茶,碟边还放着新鲜的柠檬和牛乳。当她把红茶放在顾客面前时,又温柔地说:"我可不可以建议您,如果放柠檬,就不要加牛奶,因为柠檬酸会造成牛奶结块。"

顾客的脸一下就红了,他意识到错误是自己造成的。于是匆匆喝完红茶,就离开了。

一旁的服务员问餐厅经理:"明明是他的错,为什么你不告诉他?他那么粗鲁地叫唤,你为什么不还以颜色?"

"正因为他粗鲁,所以我才不能以牙还牙;正因为道理一说就明白,所以我不用大声!理直才能气壮,但很多人理不直却用气壮来压人,对待这种人,我们应该和和气气,切不可和他们一般见识,否则,我们就无法控制局面了。"

以牙还牙并不能达到压制对方、迫使对方服从的目的。越是面对他人的无理,我们越应该和和气气地讲道理,越是面对他人的无礼,我们越应该表现得彬彬有礼。如果你也愤怒地回击,那你就被对方控制了。当然,这需要以德报怨的胸襟和气度。有了这种胸襟，你就可以轻松地掌控局面，实现完美的控场。

3. 搁置分歧，努力统一战线

当你感觉对方的观点和你的观点谁也说服不了谁时，你可以向对方传递一种信息："我们是一条战线上的，是为了同一个目标在一起的。"比如，对于某项工作的执行，下属有他的执行想法，你有你的执行理念，你无法说服下属。这个时候，你不妨主动搁置分歧，表明你们的共同立场：

"好吧，其实我们的初衷都是好的，都是为了把这项工作做好。既然你有自己的想法，那我尊重你的想法，不过，我也希望你好好考虑我的想法。要不这样，你先按照你的想法去执行，如果发现行不通，请随时跟我沟通。我们再商量对策，你看怎么样？"当你这样说时，对方往往会认真考虑你的想法，或适当放弃自己的坚持，改变一下自己的做法。

六、学会了控场，团队尽在掌控中

对于企业管理者或团队领袖来说，控场是一种带队的艺术，是驾驭员工思想、掌控团队正确发展走向的手段。控场要求主控者娴熟地洞悉被控者的心理，了解被控者的思想动态。因此，懂得控场的管理者，才懂得真正的与人相处之道，才算得上是真正的说服大师。学会了控场，团队就会尽在你的掌控中，按照你希望的路线前进。

美国石油大王洛克菲勒的儿子小洛克菲勒曾运用诚恳的演说成功地处理了一起工业大罢工，缓解了与工人之间的矛盾。

当时的情况是：科罗拉多州煤铁公司的矿工要求改善待遇，并集体罢工。最初，小洛克菲勒使用军队镇压，结果酿成了流血惨剧，不仅没有解决问题，反而把罢工推向了极端，劳资关系十分紧张。这次罢工持续了两年时间，是美国历史上持续时间最长的大罢工。

后来，小洛克菲勒采用柔和手段，暂时不处理罢工事件，而是深入到工人当中，登门慰问员工，使双方的关系慢慢转好。然后他鼓励工人们组织代表团，大家坐下来洽谈和解。渐渐地，工人们的敌意减弱了，于是他对代表们做了一次十分诚恳的演说。正是这次演说，平息了持续两年的罢工风波。

在演讲中，小洛克菲勒说："在我有生之年，今天恐怕要算一个最值得纪念的日子。我十分荣幸，因为能和诸位认识。如果我们今天的聚会是在两个星期之前，那么，我站在这里就会是一个陌生人了，因为我对于诸位面孔的认识还只是极少数。我有机会到南煤区的各个帐篷里看了一遍，和诸位代表都做了私人的个别谈话；我看过了诸位的家庭，见了诸位的妻儿老幼，大家对我都十分客气，完全把我看作自己人一般。所以，今天我们在这里相见，我们已经不再是陌生人而是朋友了。现在，我们不妨本着相互的友谊，共同来讨论一下大家的利益。这是使人感到十分高兴的。参加这个会的是厂方职员和工人代表，现在蒙诸位厚爱，我才能在这里和诸位相见并努力化解一切矛盾。这种伟大的友谊，我是终生不会忘记的。大家的事业和前途，从此更是展开了无限的光明。今天虽然是代表着公司方面的董事会，可是，我和诸位并不站在对立的地位。彼此有关的生活问题，现在我很愿意提出来和大家讨论一下。让我们一起从长计议，获得一个能兼顾双方的圆满解决办法，因为，这是对大家有利的事。"

整个演讲充分展现了小洛克菲勒的控场能力，虽然演说内容没有华丽的辞藻，但句句诚恳，声声恳切，充满了感染力，引起了矿工的广泛共鸣。最终，双方达成和解。

通过这个案例，我们可以认识到控场的重要性，它对于团队管理者来说，是不可或缺的领导艺术。具备了这种艺术，你才能在团队陷入困境时激励大家振作起来，在团队成员关系遇到危机时稳住局面，平息大家的情绪。可以说，学会了掌控，你就会成为团队的指挥家，成为带队大师。

那么，当团队需要你出面时，你怎样去控场呢？你可以参考以下控场的步骤：

1. 唤起大家的注意

比如，团队成员坐在一起商讨问题，聊着聊着，就出现了意见分歧，然后争论起来。到最后，争论双方情绪都比较激动，甚至出现了人身攻击的言论。这时作为团队领袖的你，就要及时站出来发声了。

你可以用洪亮的声音对大家说："各位，请听我说几句。"这句话很重要，为了确保引起大家的注意，你最好在争论双方声音变小时，或他们的争论中断时说出这句话。说完这句话，相信大家的眼睛会齐刷刷地看着你，期待你继续发言。

"今天我们坐在一起，是本着商讨解决方案的，大家的初衷是一致的。平心而论，你们的想法都很棒，都有很出彩的地方，我想针对你们的方案做一些补充，然后我们再商讨出最终的方案，你们看怎么样？"当你说出这番圆场的话时，你既表达了对争论方的肯定，照顾了他们的面子，又表现出了自己的谦虚，还能暂停紧张的争论气氛。

2. 明确地亮出观点

当你说完圆场的话后，你应该开始控场的第二步工作——明确地亮出观点。因为大家已经翘首以盼地等你发言，想听到你的高见了。所以，你切不可说一些模棱两可的观点。你可以用"我认为，如果我们能……我们就可以……"或是"我认为，为了实现……的目标，我们可以……"这样的句式亮出观点。你的观点必须明确，要包含具体的建议、策略、目标和结果，而且记得多用"我们"这个词。

例如，"我认为，如果我们能用铝合金材质来改善产品的外观（建议），我们就能赢得更多的市场份额，我想会增长至少3%（目标）。""我认为，为了实现我们部门上半年的销售任务（目标），我们可以把总体目标细分到人（策略），这样每个人都有更明确的目标，执行力就会大大提升（结果）。"

3. 搬出有分量的证据

当你陈述完观点后，可以稍微停顿一下，不要急着讲下去。停顿很重要，这也是控场的有效技巧。你可以喝一口水，环视现场听众，观察一下大家的反应。然后，再说出你的理由，搬出你的证据。为了更好地说服大家，你最好事先准备以下几样东西：

（1）一份逻辑清晰、页面整洁的PPT；

（2）一两个有说服力的正面案例；

（3）一个比较典型的失败案例；

（4）一些关键性的权威数据。

你可以把自己想象成一位律师，你的团队成员（上司或下属）是陪审团。他们想看到，你是否有足够的证据证明你的观点，你则应该像律师一样从容自信地陈述。记住控制语速，不要急躁，不要翻来覆去地讲一个证据，而要有证据的累积，还要有停顿和语气的变化。这样才能充分吸引陪审团的注意，赢得陪审团的赞同。

4. 对你的观点做个总结

当你陈述完"证据"后，你可以稍作停顿，观察大家的反应，如果没有人提出异议，或大多数人默认了你的观点靠谱，那你是时候结案陈词了。你可以适当提高音量，并保持十足的底气，用一两句话对自己的观点做个总结。你还可以加一点愿景，描绘一下你的方案取得成功的画面，这样更有说服力。

如果你掌握了以上四个控场步骤，那你将会成为团队里最有发言权的那个人。你的下属会心悦诚服地接纳你的观点，赞同你的建议。哪怕你面对的是公司的高层领导，你强而有力、气场十足的发言，也会赢得他们的信赖和肯定。

第二章
借影响力提升管理气场

　　带团队出绩效，靠的不是管理者手中的权力，更多的是靠管理者的人格魅力和非权力影响力。因此，要想有效地掌控团队，带领团队达成业绩目标，管理者就必须重视个人影响力的提升，借影响力掌控全局才是管理的王道。

一、管理需要"王道"而非"霸道"

曾经见过一些管理者（尤其是企业老板）骂起员工一点都不留情面，不顾员工的人格和尊严，只想通过大发雷霆让员工服从自己。殊不知，员工不是奴隶，不是机器，而是有血有肉、有情感、有自尊、有智慧的人。不把员工的自尊和感受当回事的霸道管理者，是带不好团队，管不好企业的。因为大家不会真心服从，甚至会消极怠工，故意与其为敌。最后，让管理者搬起石头砸自己的脚。

刘志强是一家公司的营销总监。有一次，他将四名主管召集起来开会，讨论新产品路演的方案。他拿出头天晚上加班策划的路演方案，自认为非常圆满。没想到当他讲完，四个主管好像商量好的一样，一致反对，说他的路演方案不切合实际，没办法执行。

刘志强详细地解释了方案，试图得到大家的认可，但四名主管还是说行不通。最后刘志强没了耐心，拍着桌子吼道："怎么的？都长能耐了？听我的还是听你们的？就是这个方案，不理解也给我执行下去。就这样了，不用再讨论了！"

看到总监发火，四名主管都沉默了，会议不欢而散。

后来，刘志强的方案虽然执行下去了，但效果非常不理想。一方面是方案本身不切合实际，另一方面是四名主管消极应付，甚至刻意抵制，导致执行过程中产生了诸多负面影响。更让刘志强没想到的是，四名主管中有两人半个月后提出了辞职，其中一名主管还公开表示刘志强太霸道，一点都不懂得尊重别人，跟着他干一点都不开心。

刘志强犯了一个致命的错误，那就是当下属对他的方案有异议时，他没有放低姿态去了解下属的想法，而是用领导的身份来威胁下属："听我的还是听你们的？"要知道，这是最伤下属心的六句话之一（如图2-1所示），特别是对于那些有能力的下属，如此霸道的压制会直接挫伤下属的自尊，打击下属的积极性。也难怪两名主管忍受不了，提出辞职。

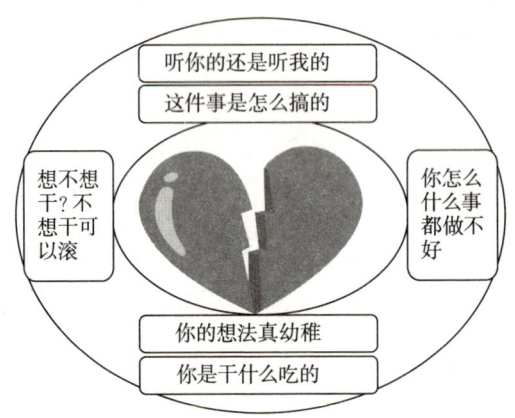

图2-1　最伤下属心的六句话

俗话说得好："良言一句三冬暖，恶语伤人六月寒。"管理者对下属说话时，不仅要注意表情、语气和态度，更应该注意避免言辞伤人。千万不要有这样的想法：在我的一亩三分地上，我就是老大，我说了算，别人都必须听我的。这种以自我为中心的霸道态度，只能换来下属的口服心不服。碰到脾气暴躁的下属甚至可能当场与你对着干，让你下不来台。这样你的威信也就丧失了，还会严重影响团队的士气。

所以，管理者在带团队的过程中，对下属应该多一些尊重关爱，少一些鄙视和攻击；应该多一些耐心引导，少一些粗暴威胁；应该循循善诱，而不是狂风暴雨。应该多发挥非权力影响力的无形感化，而不是靠简单粗暴的胁迫吓唬人。请记住：以权压人，只会降低管理者的威信。用人格魅力吸引人，用智慧和温情引导人，才是提升影响力、有效控场的王道。

那么，具体怎样做才叫用"王道"管理下属，而不是用"霸道"管理下属呢？如图2-2所示：

图2-2 "王道"管理的三个核心

1. 要尊重员工，切勿冷嘲热讽伤人心

当下属提出想法和建议时，不管想法和建议是否合理、可行，管理者都应该首先肯定他们主动思考、关心团队的行为，"你的想法很有创意！"、"你能这样思考，说明你动了脑子，用了心！"这是对下属最基本的尊重和最起码的肯定，能让下属觉得"我的思考是值得的"、"我提出的建议是有意义的！"

千万别对下属说："你的想法太幼稚了！""你就别操心了，你还是做好自己的事情吧！""就这样的建议，你也好意思提出来？有没有脑子？"如果你这样说，我敢保证以后没人愿意向你提出想法和建议。

2. 多引导员工，切勿简单粗暴地训人

"你是干什么吃的？""这件事是怎么搞的？""你怎么什么事都做不好？"这些话是不是很耳熟呢？这就是很多霸道的管理者经常对下属说的话。当下属表现不佳时，他们就会用这些简单粗暴的话训斥，无情地伤害

下属的自尊心，挫伤下属的工作热情。这样只会逼走下属，拆散团队。

我曾经接触过一个老板，他每天都会训斥员工，用他自己的话讲是"我每天不训人，就感觉不爽"。哪个员工有一点他看不惯的地方，就会被劈头盖脸地训一顿，而被训斥的员工只能忍气吞声。所以，他公司的人员流失率特别高。

日本"经营之神"松下幸之助曾提出过一个"7030"原则，我借用这个原则建议管理者们：对待员工应该70%的引导，30%的批评。即使是批评，也要注意用词，切勿简单粗暴地伤人自尊，而应就事论事地指正。要相信，你团队里的大部分下属都是"响鼓"，根本不用"重锤"。

3. 要耐心感化，切勿强硬地威胁下属

"干得了就干，干不了走人！""想不想干？不想干可以滚！""给我闭嘴！""听你的还是听我的？"这些话是不是很耳熟呢？这也是很多霸道管理者经常用来威胁下属的。

我曾在一次经销商大会上，听到一位老板训斥全体员工："你们这帮熊包，不思进取，要干就好好干，不愿意干的赶紧滚。没有你们我一个人照样干，我照样能干好！"

这番言论听起来很霸气，但却让员工感到可气。因为这话完全是盛气凌人、置人于死地的威胁，对于一起奋斗打拼的下属没有一丝关爱之心，谁听了都受不了。要想收拢人心，这些话千万别说，因为你的话可能针对的是某个人，但说出来却会伤害一大片人的心。

明智的做法是，对下属多一些耐心感化，比如，当下属业绩糟糕时，你可以把他叫到办公室，先闲聊一下工作近况、关心他最近有没有遇到烦心事，需不需要帮忙。然后，把话题转移到工作业绩上，耐心地了解原因，帮下属指出问题，鼓励下属加油。这比粗暴地威胁下属"不想干就滚"让下属舒服得多，也更能帮下属找到问题，提升业绩。

二、大胸怀、大气度成就卓越领导力

有调查显示,在美国,学工商管理的人成为大企业家的很少,但从西点军校出来的人,却有很多成为大企业家。原因是经营企业不是只靠工商管理方面的知识,更重要的是靠一个人的胸怀、眼光、格局和意志品质。

有道是"海纳百川,有容乃大",豁达的心胸是企业管理者必备的品格和素质。唯有能容人,才能被他人所容。能容一个排的人,只能当排长;能容一个连的人,只能当连长;能容一个团的人,就能当团长;能容整个企业团队的人,才能成为团队的领袖。

你是否拥有足够的胸怀和气度去容一个团队呢?这直接关系到你的影响力和领导力,关系到你的控场力。要想成为一个拥有卓越领导力的控场高手,你必须具备以下六种胸怀,如图2-3所示:

1. 容人之短,不求全责备

著名的管理大师彼得·德鲁克曾经指出:"倘要所用的人没有短处,其结果至多只是一个平凡的组织。"所谓样样精通,往往样样不通,一无

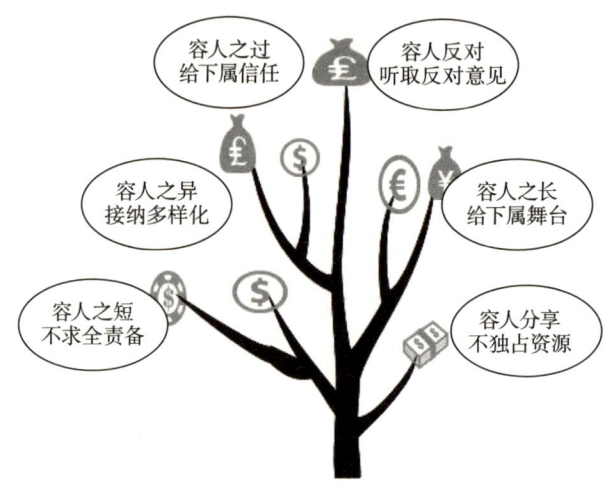

图2-3 卓越领导者必备的六种胸怀

是处。就像一座山有高峰和深谷,优秀的人才,往往也有明显的缺点。如果管理者不能容人之短,又如何用人之长呢?

当年美国南北战争期间,林肯最初任用的将领都是一些没有什么缺点的人,但战绩很糟糕。他十分不解,经过深入分析,他发现南方军的将领都很有指挥才能,但缺点也很明显。南方军的最高统帅李将军能扬长避短,用人之长,因而战绩辉煌。

林肯受到极大的启示,大胆任用格兰特将军为总司令。结果,格兰特不负众望,充分发挥了统兵打仗、决胜千里之外的指挥才华,一举扭转了南北战争的局势。林肯在此次用人中,就很好地包容了格兰特嗜酒贪杯的弱点。

容人之短,才能用人之长。容人之短是管理者用人的底线标准。因为在现实中,没有哪个人是没有缺点和不足的,就连管理者自己也不是完美的,又何必对下属求全责备呢?

2. 容人之异,接纳多样化

容人之异,指的是尊重人与人之间的差异,接纳他人的个性。不要对你看不惯的人有所偏见,而要将差异、个性看成资源。因为差异之间可以互补,可以丰富你的团队竞争力。

A 公司兼并了同行的 B 公司,兼并后相应的部门合二为一,各部门管理者继续由原来 A 公司的管理者担任。但不同部门的管理者胸怀、气度不同,结果他们所管理的部门绩效也大不一样。

有些部门管理者心胸狭隘,不能接纳"异员",看不惯原来 B 公司的员工,对他们有偏见,甚至有意无意地排斥他们。这导致很多兼并过来的新员工积极性受挫,有些人还主动离职。

而有些部门管理者心胸宽广,能够容人之异,很好地接纳了原来 B 公司的员工,对他们一视同仁,毫无偏见,以诚相待,让他们产生了强烈的归属感。结果,这些部门取得了很不错的绩效。

就像世界上找不到两片完全相同的叶子一样,你也不可能要求下属都像你一样,有与你一样的个性、兴趣、喜好。因此,接纳多样化的下属个性,需要你克服一些偏见,这就需要宽广的胸怀。

3. 容人之过,给下属信任

工作中,下属犯错是再正常不过的事情。管理者能不能包容下属的过错,给下属信任和纠错的机会,关系到下属能不能成长,也关系到团队竞争力能不能提升。

IBM 公司有个员工犯了一个严重的错误,给公司造成了 1000 万美元的损失。事后他非常惶恐地找到老板小沃森说明情况,并问道:"我是不是该卷铺盖走人了?"

没想到小沃森却说:"你疯啦?我们刚刚为你交了 1000 万美元的学费,你想我们会让这么一大笔资产从公司流失掉吗?"小沃森希望该员工能够从错误中吸取教训,将来为企业赢得更大的收益。只有这样,那 1000 万美元的损失才是有价值的。

在团队管理中,容人之过对下属是一种信任,是一种感动,更是一种

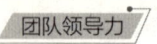

激励,能够给下属注入持久的精神动力,是一条锁住人心的温柔锁链,是管理者带好团队的有效控场手段。

所以,不要因为下属犯错了而气势汹汹地批评、指责下属,而要原谅他们,鼓励他们继续努力。也不要因为下属在工作中无意冒犯了你,而对下属有成见,给下属"穿小鞋",对下属耿耿于怀。努力忘记下属的过错,把信任的力量传递给下属。

4. 容人反对,听取反对意见

身为管理者,往往会有较强的以自我为中心的倾向,他们相信自己的观点更正确,相信自己的决策更明智。如果下属提出反对意见,甚至发出批评的声音,他们往往会觉得那是在挑战自己的权威,会无法忍受。但是,一个听不进反对意见的管理者,往往无法做出明智的决策。

万科地产总经理郁亮有一个原则,那就是执行董事长的话要过夜。意思是,对于执行董事长的话,他要考虑一个晚上,再决定是否执行,如果觉得有不妥的地方,就会直接向董事长王石提出来。

王石十分欣赏郁亮敢提不同意见的做法,他多次表示:"我最高兴的时候,就是我的某一个意见最后被证明是错误的,而他们(郁亮及管理团队)是对的。"这也是王石最终提拔郁亮作为自己接班人的重要原因之一。

管理者不能只听赞歌,听不进不同的意见,否则,会严重抑制下属的观点和积极性,也会阻碍自己做出英明的决策。

5. 容人之长,给下属舞台

美国钢铁大王卡内基的墓碑上,刻了这样一段文字:"这里安葬着一个人,他最擅长把那些强过自己的人,组织到为他服务的管理机构之中。"这句话充分体现了卡内基用人之长的博大胸怀,对于那些强过自己的人,他能够视为珍宝,给他们平台,委以重任,而不是嫉贤妒能,暗中打压。

有一次,奥美广告公司总裁大卫·奥格威在董事会上,给每位董事的桌前放了一个玩具娃娃,并解释道:"每个娃娃都代表你们自己,大家不妨打开看看。"董事们打开玩具娃娃,惊讶地发现里面还有一个小的玩具娃娃;再打开它,里面还有一个更小的玩具娃娃。

就这样一层一层地打开,到最后娃娃里放了一张纸条,上面写着:"如果领导者永远都只起用比自己水平低的人,那我们的公司将一步步沦为侏儒公司;如果我们都有胆量和气度任用比自己更强的人,那我们就能成为巨人公司。"

奥格威说:"如果你永远都起用比你水平低的人,那么你必将成为弱者。"他用这句话告诫属下的管理者:用人时不要嫉贤妒能,而要容人之长,敢用比自己优秀的人。只有这样,公司才能做大做强。这句话对我们每一位团队管理者都是最好的警醒。

6. 容人分享,不独占资源

著名企业家李嘉诚曾说:"与人合作,首先得顾及对方的利益,不可斤斤计较。对方无利,自己也就无利。要舍得让利使对方得利,这样,最终会为自己带来较大的利益。我母亲从小就教育我不要占小便宜,否则就没有朋友,我想经商的道理也该是这样。"

其实,管理者与下属的关系,从根本上来说也是合作关系。对待下属时,也应该懂得和下属分享,分享荣誉,分享财富,分享机会。比如,团队成功完成了一个大项目,别忘了和大家一起分享功劳。你升职加薪了,别忘了请大家吃顿饭,分享一下喜悦。工作中,别忘了和下属分享工作经验和想法,帮助下属提升工作能力。懂得与下属分享资源的管理者,才能赢得下属心甘情愿地追随。

三、放下架子不会影响你的气场

很多管理者都有一张固定的脸谱——面无表情,不苟言笑,装腔作势,从不主动关心下属,听不进下属的意见,只会推行自己的议事日程。如果下属犯错了,他们吹胡子瞪眼,扯着嗓子训斥人。这就是爱摆架子的管理者。

爱摆架子的管理者总认为,自己是统治者,下属是被统治者。他们崇尚无威不治,故意疏远下属,认为做领导就要有做领导的样子,只有高高在上,才会有威信,员工才会敬畏自己,才会服从管理。

殊不知,刻意与员工拉开较远的距离,往往会导致员工疏远自己。甚至,摆架子的管理者还会遇到"三不"问题:团队出了问题,员工不和管理者汇报;员工工作上出了问题,不和管理者沟通;公司定的制度出了问题,员工心存疑虑,不去执行。

在这种情况下,管理者成了孤家寡人。这样的管理者就算个人能力很强,也不会赢得下属的好感,更谈不上有影响力了。可见,摆架子不仅达不到立威的效果,还会给掌控团队制造障碍。那么,成功的管理者会怎么做呢？我们不妨看个案例：

Face book（脸书）是美国的一个社交网络服务网站，总部位于美国加利福尼亚州帕拉阿图。在公司里，Face book 的创始人扎克伯格没有独立的办公室，没有特殊的工位，他的办公桌和其他员工的一样。他喜欢穿休闲装，因为几乎所有的员工都喜欢穿牛仔裤、T恤，这样可以和大家打成一片。

扎克伯格性格温和，平易近人，更让员工倾心的是他对人的信任。他从来不搞"一言堂"，甚至他根本不参与决策的制定。和许多大公司不同，Face book 的很多决策不是由高层制定的，而是由基层员工制定的。公司鼓励草根员工参与到决策的制定中来。

扎克伯格没有任何摆架子的行为，传递了 Face book 的价值观——开放、透明、平等的文化。这充分激发了员工的积极性，使大家乐于创新，同时勇于承担责任。这就是 Face book 成功的秘诀。

看到扎克伯格没有任何架子的行为表现，相信很多管理者会恍然大悟：原来，提升管理者的影响力很简单，那就是放下架子，和员工平等相处，与员工打成一片。

需要注意的是，与员工打成一片有个"场合"的问题，那就是仅限于工作场合。工作之余，管理者最好与员工保持适度的距离，免得与某些下属私交甚密，引起他人对你不必要的质疑。

与员工打成一片还有个"度"的问题，那就是仅限于正常的工作交往。如果管理者和下属组成小圈子，建立小帮派，设立小山头，那是任何一个公司都不允许的，也是一个优秀的管理者绝不应该做的事情。因为那样很容易导致团队不和谐，影响企业健康发展。

那么，放下架子，与员工打成一片，具体该怎么做呢？

1. 放弃一些不必要的特权

很多公司的管理者有私人停车位，有独立的办公室，还有与众不同的

着装，以彰显自己高人一等的形象。其实，管理者应该尽量不要享受这样的特权，这样可以营造一个平等的企业文化氛围。

约翰是美国一家软件开发公司的研发经理，公司规定，部门经理以上的管理者都有私人停车位、独立办公室，可是约翰却拒绝了这样的"福利"。他公开宣布，将私人停车位让出来供大家使用，把独立办公室空出来存放公司物品，然后和大家在同一个区域办公，目的是方便和大家交流。

约翰的行为赢得了公司同仁和下属的一片叫好声。公司很多管理者效仿他，主动放弃特权，积极与下属打成一片。这对广大员工产生了极大的鼓舞。

2. 对下属要多一点人情味

没有哪个下属喜欢冷冰冰的管理者，这种没有人情味的管理者，只会让下属产生强烈的距离感。如果你想员工喜欢你，愿意跟着你干，那你不妨对下属多一点人情味。具体来说，可以这样做：

（1）真诚微笑，热情地和下属打招呼。一声"早上好"，一句"你今天穿得很精神"，对下属都是暖心的话。

（2）嘘寒问暖，主动关心下属。比如，下属感冒了，提醒下属多穿衣服，多喝热水。

（3）理解下属，保持必要的弹性。当下属有事不能加班，或需要请假时，要多一点理解和体谅，或允许下属把工作带回家做，或延迟下属的工作交付时间。

3. 要主动和下属沟通工作

在管理中，和员工多一点沟通，就会少一点隔阂和误解。身为管理者，应该主动和下属沟通，了解下属的想法，了解下属工作的进度，了解下属工作状态不佳的原因。

琼斯是美国某家公司的员工，他工作能力突出，工作态度积极，但是在更换了项目经理后，他出现了工作倦怠，上班总是走神的状态。对此，新上任的项目经理不去了解原因，而是在会议上点名批评琼斯。结果，琼斯递交了辞职信。

部门经理收到辞职信后，建议项目经理和琼斯好好谈谈。项目经理也不忍心优秀的下属离开，便找了个机会开诚布公地和琼斯谈心。结果才知道，琼斯一直负责的项目，被项目经理分配给了别人，导致他产生不满。可没等他提出意见，项目经理就在会议上点名批评他，让他自尊心受损。所以，他才打算辞职。

项目经理意识到自己有错，诚恳地向琼斯道歉，并承诺以后不会临时变更项目负责人。就这样，两人之间的隔阂和矛盾消除了，琼斯又激情满满地投入到工作中。

案例中的矛盾正是因为管理者忽视了与员工沟通所导致的。因此，建议管理者放下高高在上的身段，把自己视为与员工平等的人，主动去接触员工、了解员工，倾听他们的声音，了解他们的想法。这样，才能做出最有利于团队的决策。

四、说什么不重要,重要的是你怎么做

美国著名的巴顿将军曾说过:"在战争中有这样一条真理:士兵什么也不是,将领却是一切。"这句话的意思是,士兵有什么样的状态,取决于将领有什么样的状态,将领表现出来的行为是士兵学习的标杆。如果你希望士兵成为什么样子,那就做出那个样子给士兵看,这样才是最有效的号召。

一次,巴顿将军率领队伍赶赴前线,途中汽车陷进了深泥潭。巴顿将军马上命令大家把车推出泥潭。一番努力后,汽车被推出了泥潭。当一个士兵准备抹掉身上的污泥时,他惊讶地发现,身边还有一个满身淤泥的人,这个人就是巴顿将军。

巴顿将军的话不仅体现在军事管理上,同样适用于团队管理。在任何一个企业或部门,管理者要想带动大家取得辉煌的业绩,就必须以身作则,率先垂范。因为下属最在乎的不是管理者说了什么,而是管理者做了什么。管理者的行为比言语更有影响力和感召力,更能提升控场气质。

1. 自觉遵守企业制度

很多管理者抱怨公司制度得不到遵守，出台的规定得不到落实。事实上，这是众多公司普遍存在的问题。为什么会出现这种现象？管理者又是否反省过其中的原因呢？

很多公司都有这样的情况：公司规定上班不得迟到早退，有些管理者却经常迟到早退；公司明文规定禁止吸烟，可是管理者烟瘾上来后，却不管不顾地抽起来；公司规定进入车间要佩戴安全帽，穿工作服，可是管理者却我行我素。试问，管理者说一套做一套，怎能服众呢？怎能维护制度的威严呢？

有一次，IBM公司的老板汤姆斯·沃森带着客户参观厂房。走到厂区门口时，被门卫拦住了。门卫对沃森说："对不起先生，您不能进去，我们IBM的厂区识别牌是浅蓝色的，行政大楼工作人员的识别牌是粉红色的，你们佩戴的识别牌是不能进入厂区的。"

沃森的助理见状，马上大声嚷道："这是我们的大老板，陪重要的客人参观。"门卫并不认识老板，他解释说："这是公司的制度，所有的人都必须遵守。"门卫的做法得到了沃森的肯定，他马上让一行人更换了识别牌。

沃森助理的话，言外之意是："公司老板来参观厂区，还用遵守公司制度吗？能不能有点眼力见儿？这是老板带客户参观，别没事找事！"

事实上，很多管理者也有这种心理，认为制度是给员工制定的，自己可以置身制度之外。殊不知，管理者不遵守制度，是对制度的最大蔑视，会引起不遵守制度的不正之风。明智的做法是，自觉地遵守制度，维护好制度的威严，给员工做好表率。

2. "跟我冲"而不是"给我冲"

在抗日题材影片中，经常能见到日本指挥官坐在马上，挥舞着指挥刀，大喊道："八嘎，给我冲！"再看看中国将领，他们喊的是"跟我冲"，然后一马当先冲向敌阵，奋勇杀敌。

"给我冲"和"跟我冲"，看似只有一字之差，但含义却大不相同。我们不妨用一个图表来对比一下两句口号的含义（如图2-4所示）：

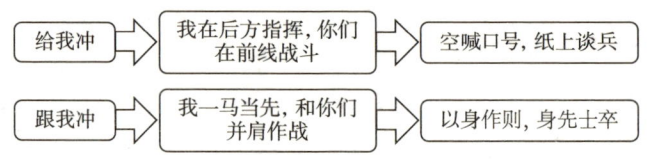

图2-4 "给我冲"与"跟我冲"含义对比

看看这张图，哪种口号更有影响力？答案不言自明。

1965年5月，土光敏夫担任东芝总经理一职。当时东芝的经营已恶化到刻不容缓的程度了。土光敏夫上任后，很快就提出了一个口号："一般员工要比以前多用三倍的脑，董事则要多用十倍，我本人则有过之而无不及。"

这个口号的提出，代表着东芝公司的整顿和改革计划拉开帷幕。土光敏夫以身作则，在杜绝经营成本的浪费方面，为全体员工做出了很好的表率。

一天，公司的一位董事想参观名叫"出光丸"的巨型油轮，土光敏夫陪同前往。当天正好是休息日，他们相约在某地会合。当董事乘公司的车来到会合地点时，土光敏夫已经等候在那里了。当董事叫土光敏夫上车时，土光敏夫说："我们去搭电车吧！"听了这话，董事当场羞愧得无地自容。

为了杜绝浪费，使公司资源合理化使用，土光敏夫以身作则，搭乘电车，给那位浑浑噩噩的董事上了一课。这件事很快就传遍了东芝公司，全体员工为之一振，大受鼓舞。从此，大家非常自觉地节省公司资源。

俗话说："喊破嗓子，不如做出样子。"你想员工怎么做，不妨先做给员工看。员工看见领导都做了，他们还好意思不做吗？这就是管理者的行为带给下属的影响力，即管理者对团队的掌控力。

3. 要引导带动而不要强硬命令

一天下午 6 点左右，在九华山庄的一间大会议室里，联想集团董事长兼 CEO 杨元庆马上就要给为期两天的培训作结束讲话。参训的联想高级经理们终于可以松一口气了，因为他们刚上交个人改进计划，等着杨元庆讲话完毕就可以回家了。

只见杨元庆一边思考，一边认真地填写自己的行动计划。过了一会儿，他把自己的行动改进计划念给大家听。他的计划总共四条，每一条都针对具体的行为、对象，并有明确的改进时限。

然后，杨元庆说："培训的目的是学以致用，大家不要以为填写改进计划是走过场。希望大家监督我的行为改进计划，但我也要监督大家的计划，希望每个人都认真思考自己身上存在的问题，检查自己的行为改进计划，达到可考量、可操作和可实现的要求。"

杨元庆的话还没有说完，不少人就急着要回刚上交的改进计划。因为他们的改进计划要么不符合可衡量、可操作性的要求，要么没有说清楚改进的具体行为，要么没有具体的改进时间。

看到大家纷纷准备重写改进计划，杨元庆说："这两天大家辛苦了，很紧张，就不用在现场重写了，回去后认真思考填写后上交就行。"随后的两周内，参训经理们上交的改进计划 90% 都符合要求，能够具体落实。

设想一下，如果杨元庆看到交上来的改进计划都是在应付差事，训斥大家，命令大家现场重写，结果会如何呢？大家的心情又会怎样呢？在被迫的情况下，大家写出来的改进计划又有多少能落实呢？这就很难说了。但杨元庆没有这么做，他不动声色地引导带动大家——认真地写改进计划，让大家监督他，轻松地说服了大家认真重写改进计划。

可见，与强迫性的命令和愤怒的斥责相比，以身作则的引导带动是多么具有控场力。这就告诉我们管理者，尽量别用你的职位和权力去管理下属，而要用你的行动去引导带动下属，这样才能有效地控场。

五、镇得住大场面的人都是情绪控制高手

管理者在团队中有两种角色,一种角色是独立的个人,另一种角色是团队领袖。作为独立的个人,管理者会有各种情绪,而情绪的宣泄方式取决于个人的自制能力。作为团队的领袖,管理者的一言一行都会被大家视为组织的行为,会对团队成员的情绪造成影响。因此,管理者对自己的情绪掌控非常重要,积极的情绪可以感召团队产生正能量,消极的情绪则会感染团队积聚负能量。

这些年来,我们的管理团队对一些效益低下、倒闭死亡的企业做过专门研究。研究结果表明,由内因导致的低效、死亡的企业数占比非常大。而企业内耗的主要原因是管理者情绪化严重,企业人员之间矛盾加剧,使企业人员丧失发展的信心,工作失去了干劲,业务主干、优秀人才流失,最终导致企业走向低效乃至死亡。

作为团队的管理者,你很可能有因心情不好,而把下属当作出气筒的经历。有的下属无所适从,有的下属则会郁闷一整天,有的下属甚至会当场与你吵起来,有的下属则默默地在心里对你产生怨恨,从此背离你。当

然，有些下属还会一气之下辞职。试问，这样的局面是你想看到的吗？你知道这些后果有多严重吗？

我们可以简单算一笔账：管理者爆发一次负面情绪，至少会影响到一人，严重的会影响整个团队成员以及其他部门乃至整个公司成员。人一旦受到了负面情绪的侵扰，是需要时间去恢复的，短则几个小时，长则两三天，严重的长达一周甚至一个月。这期间，员工的工作状态、工作效率将会大打折扣，还会因心情不好导致工作不细心、服务不周到，犯低级错误，这些都会给企业造成直接或间接的经济损失。

所以，管理者自我情绪管理的水平高低，会直接影响一个团队、一个企业的成败。一个合格的管理者，首先要管理好自己的情绪。管好自己的情绪，才有可能管好团队，团队才不至于失控。

看看那些善于管理自己情绪的管理者，他们总能给人一种和风细雨般的温暖，使大家获得一种舒适融洽的团队感。大家分享各自的想法，互相学习，互相帮助，为共同的目标而努力。即使在错综复杂、充满不确定性的环境下，仍然能够坚定信心，保持专注。大家在情感层面上形成了一种密不可分的纽带关系，这样每个人都觉得工作是有意义的。

在美国独立战争时期，华盛顿率领的部队无论是从人数上，还是从武器装备上，都不如其他部队。可是，他的部队却能攻无不克、战无不胜，屡次打败比他们强大得多的敌军。这其中，当然离不开华盛顿卓越的军事才能，但最重要的是，华盛顿是一位善于管理自己情绪的高情商领袖，他总是用坚毅、乐观的态度去感染手下的士兵们。

每次部队出发前，华盛顿总会充满感激地对士兵们说："出发吧，小伙子们！用你们的热血去捍卫自由和民主吧。每个人都会为你们感到自豪！"当战局对自己不利时，华盛顿从不会责备任何一个人。即使失利确实是因为某个部属犯了错，他依然会和蔼地慰问伤员，充满激情地鼓舞大家。

在华盛顿的激励下，士兵们的求胜欲望再次被激发出来，大家在战场上奋勇战斗，以回报华盛顿。这就是华盛顿的部队战无不胜的源动力。

作为一名团队管理者，必须保持一种乐观健康的心态，尤其是在面对困境时，更要表现得从容不迫、冷静理智。因为越是在困境中，大家越会关注你的态度和行动，你说了什么，做了什么，都会牵动大家的心。

你若焦急不安，大家必然心神不宁；你若垂头丧气，大家势必丧失信心。你若从容不迫，镇定自若，并安慰、鼓励大家，大家就容易放平心态，一道齐心协力，克服困难。所以，镇得住大场面、掌控得了不利局势的管理者，都是情绪控制高手。

那么，团队管理者该如何管理自己的情绪呢？下面就介绍几种实用的方法，如图2-5所示：

图2-5　情绪管理的五种方法

1. 隐藏

在团队管理的过程中，也许你会面临资金短缺、客户刁难、竞争对手打压等困难，这会让你陷入一种恐惧、担忧，甚至慌张的情绪之中。但是，千万不要把这些负面情绪写在脸上，要收起你的忧心忡忡，隐藏起这些负面情绪，微笑、乐观、信心十足地面对团队成员。大家看到乐观自信的你，就会看到团队发展的希望，就会积极地工作。

2. 提醒

要经常提醒自己，下属来到公司不是来受气的，而是来为公司创造价值。他们都希望开心地工作，愉快地赚钱，况且还有比发脾气更能解决问题的办法，为什么不试一试呢？所以，即使你被上司、老板骂得狗血喷头，即使你刚与客户发生了不愉快的争吵，也不能回来冲下属吼叫。

3. 转移

一位老总问我什么是情绪控制，我告诉他："情绪控制就是在你想发火的时候，在脏字吐到嘴边时，却突然笑出声来，让秘书给你倒杯水。如果能做到这样，你就是一个情绪控制高手。"从"想发火"、"想骂人"到"让秘书倒水"，这是一个关注点转移的过程，也是转移负面情绪的有效举措。

4. 区分

即使是下属错了，你实在忍不住发脾气了，也要区分责任主体，切勿乱发脾气，让无辜者受到牵连。比如，把责任人叫到办公室，一对一地批评和训话，而不是对着所有人发脾气。

5. 发泄

负面情绪宜疏不宜堵，隐藏、转移、提醒自己克制，都是暂时控制负面情绪的办法，但负面情绪日积月累，必须找到发泄的出口。因此，建议管理者在工作之余，要多去外面走走，适当运动，比如，踢球、健身、游泳等，在一个更大的环境中去释放自己的负面情绪，从而舒缓身心。

六、没有什么比敢于担当更能提升影响力

作为管理者,也许你有自己的偶像,希望自己成为那样的人。那么,你了解下属希望你是什么样的管理者吗?虽然众口难调,但有一点是肯定的,那就是下属希望你是一个有担当的人。跟着有担当的上司,下属才会有安全感,才会感到踏实,才会觉得"值"。

所谓担当,就是承担责任、解决问题。美国著名管理顾问史蒂文·布朗曾说过:"管理者如果想发挥管理效能,必须得勇于承担责任。"没有什么比敢于担当更能提升你的影响力,提升你的控场气质。

在我看来,管理者的担当体现于以下三重境界,如图2-6所示:

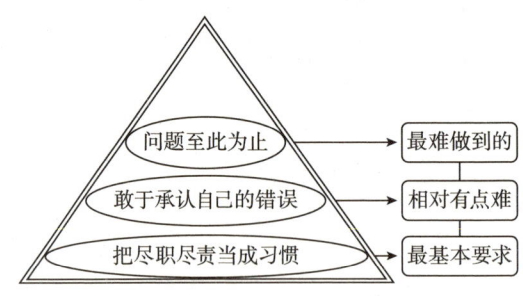

图2-6 管理者勇于担当的三重境界

1. 把尽职尽责当成习惯

"在其位，尽其责"，尽职尽责是每个岗位对从业人员的基本要求，也是对管理者的基本要求。但看似最基本的要求，并不是每个管理者都能做到的。有些管理者自己偷懒、早退，却要求下属承担本该由他们承担的工作。有些管理者没有细致工作的精神，工作马马虎虎，能少做一点是一点。这都是缺乏责任和担当的表现。

一位担任人力资源总监的朋友讲述了这样一件事：

有一次，他们公司的营销部经理带着一支队伍参加某国际产品展示会。展会开始前几天，他带着公司的一帮安装工人设计和布置展位、组装产品、整理和分装资料。一到下班时间，那帮工人就溜回宾馆去了。经理要求他们加班，他们竟然说："加班又没有工资，凭什么干啊？"更有甚者还说："你也是打工的，只是职位高一点，何必那么卖命呢？"

在开展的前一天晚上，公司老板亲自来现场视察，检查展场的准备情况。当他到达时，已经是凌晨1点，让老板感动的是，只有营销经理和一名安装工人正挥汗如雨地趴在地上，细心地擦拭装修时沾在地板上的涂料。

见到老板来了，营销部经理从地上爬起来说："我失职了，我没能让所有人都来加班！"老板拍拍他的肩膀，肯定了他的责任意识，同时表扬了那位安装工人。对于那些没来加班的员工，他事后做了相关处理。

看看案例中的营销部经理，如果他没有强烈的责任意识，没有良好的大局观，他怎么会带着一名安装工人加班到凌晨1点？这种"你们不干我来干"的担当，充分展现了他的大局观，体现了他的责任心。每个管理者都应该具备这种担当，把尽职尽责当成工作习惯，完美地实践。这样的管理者何愁没有影响力？

2. 敢于承认自己的错误

从小我们就被教育错了就要承认错误，但对于一个团队管理者来说，做到这一点并不容易。如果你敢于承认自己的错误,那么,在下属心中,你一定是个有影响力的领袖,下属会发自内心地服你。

新墨西哥州的阿布库克有一家不小的公司,布鲁士·哈威是这家公司的经理。有一次,他核对工资单时忘了一名下属请过假,于是这名下属得到了全部的薪水。几天后,他突然想起这件事,第一反应就是应该扣除那名下属多得的工资。当然,这只能等到下个月发放工资时再去扣除。他找到那名下属说明了情况,但下属却对哈威说:"我现在的情况很困难,能不能分期扣除那部分工资?"分期扣除多发的工资必须得到老板的批准,这样一来,哈威在核对工资犯的错就会被老板知道,可能会遭到老板的一顿臭骂。但是哈威明白,这件事的确是自己的错,有必要向老板承认错误。

于是哈威敲开了老板办公室的门。在他如实说明这件事后,老板确实有点生气,但并未指责他,而是很严肃地说:"这件事是人事部门的工作失误。"原本哈威可以顺势推卸责任,可哈威再次诚恳地表示:"这是我的责任!"没想到老板还是没有责怪他,只是说了句"去改正吧"。就这样,哈威在承认错误后,纠正了这个错误。

哈威是不是很愚蠢?明明老板说不是他的责任,他却坚持说是自己的责任。事实上,老板因为他敢于承认错误而更加重视他,因为这是有担当的表现,企业需要的就是这样的管理者。不仅如此,人事部的同事和他的下属都会敬重他,因为他没有把错误推到别人身上。试问,谁不愿意有这样的好同事、好下属、好上司呢?

3. 问题到此为止

敢于承认自己的错误,就意味着你要承担自己的责任。什么叫承担责任?承担责任就是把错误纠正过来,把损失弥补过来,就是解决问题。

"Buckets stop here!"这是美国总统杜鲁门曾在自己的办公室门口挂着的一条标语,意思是"问题到此为止,不再传给别人"。身为管理者,也应该具备着这种担当的勇气和解决问题的决心。遇到问题不绕道、碰到困难不退缩，这是优秀管理者应有的品德。

著名管理培训专家余世维曾讲过这样一个故事：

有一次，公司从中东客户那里进口了50辆豪华轿车，再转口销往大陆市场。余世维和中东客户谈妥了条件后，就把剩下的细节事宜和签合同的事交给了下属，他还特别交代了一句："交货的轿车的前窗要可活动型的。"

这天下属慌张地跑来向余世维汇报，说大事不好了。原来，他把余世维当初交代的"活动型前窗"忘了，合同中并未注明要"活动型前窗"，结果客户发来的轿车的前窗玻璃是固定的。

面对下属紧张焦急的神情，余世维反倒表现得很冷静。他先是向董事长汇报了情况，董事长听后非常生气："到底哪个员工做的，赶快把他给我找来。"

余世维说："都是我的错，是我一时疏忽而导致发生这样的事情，我愿意承担全部的责任，并且会尽快解决这个问题。"他向董事长承诺，如果不能将这50辆车卖出去，任凭公司处置。

在接下来的一段时间里，余世维挨家挨户地推销轿车。凭借一股子解决问题的决心，他把50台轿车全部推销出去了。整件事他没有让下属承担责任，下属除了感动，就只有加倍努力工作来回报他了。

下属人品不佳、行为不当，是上级失察；下属无视规矩，独断专行，是上级没有约束好；下属没有按时完成任务，是上级监督不当。这就说明管理者在任何错误发生时，都不能置身事外。所以，管理者要有承担一切的勇气，要有问题到此为止的决心。否则，下属为什么要听从你的命令，响应你的号召？

不论错误是自己造成的，还是由下属造成的，既然已成事实，责任就必须有人承担，问题就必须有人解决。身为管理者，如果你不来扛起责任，不来解决问题，而是在这紧要关头把时间用在推卸责任、指责下属上，那你的价值何在？你的影响力何在？

所以，抓紧时间解决问题，才是第一要务。如果真要批评教育下属，那也应该等问题解决后，静下心来和下属沟通。这样的管理者才是最有影响力的，这样的管理者才能实现完美控场。

七、"刺猬效应"背后的控场秘密

在寒冷的冬天，刺猬们为了取暖，经常会簇拥在一起。可是一旦距离太近，它们就会被彼此身上的刺扎疼，然后不得不分开。于是，刺猬们不断调整彼此的距离，直到找到了一个既可以相互取暖，又不会被彼此扎疼的安全距离。这就是有名的"刺猬效应"，又叫"心理距离效应"。

在团队管理实践中，"刺猬效应"被引申为管理者应该与员工保持一定的距离，避免因和员工走得太近而导致威信丧失，影响力和控制力减弱。也许你要问了：为什么与员工走得太近不利于管理者控场呢？原因很简单：管理者和下属关系过于密切，就很容易导致员工与领导的工作关系变得模糊，造成公私不分，继而对管理者缺乏必要的尊重。

一位朋友新到一家公司担任销售部经理。上岗后，他主动与下属交流思想，了解他们的想法。从下属那里他得知前任经理非常专制，一点都不讲情面，弄得大家积极性都不高，经常完不成规定的销售任务。

朋友告诫自己，不能专制地管理下属，要和下属拉近距离，搞好关系。在工作上，他尊重下属，经常征询下属的意见；在工作之余，他经常找机会和下属拉家常、开玩笑。下属犯错，只要没影响工作，他往往选择无视。

仅仅两个月，朋友就和下属打成一片。整个部门表现出良好的工作氛围，大家关系融洽，工作积极性高涨。在其他部门的同事面前，下属经常自豪地称他为"我们老大"。对此，朋友感到很满意。

可是，不久后问题就出现了。或许是觉得他没脾气、好说话，有些下属迟到早退、上班溜号；有些下属占用公司电话打长途聊闲天，在办公室嘻嘻哈哈、谈笑风生。总之，大家的工作积极性大大下降，不能认真对待工作了。

半年后的一天，总经理把他叫到办公室，给了他两张数据单。一张是销售部半年来的销售额统计报表，一张是从电信局打印出来的话费单。总经理告诉他，这半年来，销售部的长途话费翻了两倍，但是业务量却没有提升，反而下降了36％。

朋友错在哪？错在他不知道与员工保持适当的距离。俗话说："距离产生美。"与下属保持适当的距离是提升权力与影响力的重要手段，是提高管理者控场气质的有效策略。当然，这并不是说管理者与下属拉开的距离越大越好。用美国四星级上将、前国务卿科林·鲍威尔的话说就是："领导要设法与下属打成一片，但不能与他们一起出去厮混。领导应该与下属建立友谊，但不能过于亲密，永远不能让下属以为可以在你面前胡来。"

作为企业管理者，要想与下属保持适当的距离，可以从两方面着手，一方面是心理层面，一方面是空间层面。

1. 在心理层面——管理者要避免与下属私交过密

（1）工作上不要只有一两个"亲信"。在工作上，有些管理者会有意无意地在下属中培养一两个亲信，有什么难以决断的事情，就会和亲信商量,甚至会轻易听从亲信的主张。作为管理者,当你经常依赖一两个亲信时,你与团队其他成员的联系就会大大地减弱。慢慢地,这一两个亲信就会在你周围形成一堵无形的"墙",亲信专权的现象就很容易出现。这样不仅不利于你掌控团队、支配下属,反倒会被亲信支配,极大地损害你的控场气质。

我的观点是,你可以有亲信,但不能只有一两个;可以有亲信,但不要不可替换;可以有亲信,但不能与亲信之间没有距离。什么意思呢?就是你可以欣赏你的下属,把他们都培养成你的亲信,工作上的事情,可以找他们商量,但要让他们明白:你对所有的下属都是这样,不存在搞特殊。如果哪个下属业绩不好,你可以随时将其排出在亲信团队之外。这样,你就可以充分控制你的团队。

(2)工作之余要和下属保持距离。如果管理者在工作之外,经常和下属混在一起,或是推杯换盏,或是一同游玩,或是运动娱乐,那么久而久之,上下级之间的关系就不只是工作关系了,而是有深厚的私人感情在里面。在这种情况下,如果下属犯了错,你批评他还是默许呢?

批评他吧,他会觉得你"翻脸不认人""不给他面子""没把他当真朋友、真兄弟",或者干脆不当回事,嘻哈应对;默许吧,其他下属会认为你包庇他,不能做到一视同仁,这会影响你的控场气质。

所以,最好的办法是工作之余和下属保持距离。不要接受下属的邀请,更不要主动邀请下属参加私人活动。在这方面,美国通用电气的总裁斯通就有一个原则,他在私下从来不接受任何员工的邀请。

2. 在空间层面——管理者要保证私人空间不受侵犯

通常一个人的威慑力越大,其私人空间的作用就会越强。比如,员工面对公司一把手时,会不由自主地紧张,会产生很强的心理压力。如果靠近部门领导,则不会那么紧张,而面对同事时就一点都不紧张了。这就说明管理者的私人空间的作用比一般人的要强。这也就说明,管理者可以有

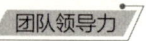

意识地利用私人空间来控场，来影响和掌控下属。

（1）敞开办公室的门，但敲门者才能进入。很多管理者都有独立的办公室，通常情况下，他们在工作时会关起办公室的门。这样无形中，就把自己与下属隔离开来。这样做固然能保持神秘感，但也会影响下属与上司交流。

我的建议是，把办公室的门敞开，让下属随时可以看到你，但如果下属想见到你，必须在门口敲门，得到允许才能进入。这样可以强化你的私人空间感。同时，让下属明白：有事可以与你面谈，但必须尊重上司的私人空间。下属在敲门进入你办公室时，往往都会提前认真准备要谈的内容，而不会像进洗手间一样随意。

（2）下达任务时，把下属叫到跟前。管理者给下属下达某项任务时，最好不是隔着桌子大声喊叫，而要将下属叫到自己的跟前，然后再作具体指示。这是让下属进入你的私人空间，让下属感受到一种强烈的被支配感和被信任感，下属也会乐于听从你。

（3）工作之余尽量不让下属来你家。家是一个人最放松的地方，也是最能暴露一个人习性和弱点的地方。作为管理者，如果经常让下属来家里，比如，拿文件、送东西、吃饭等，那么下属就可以近距离地窥视你的一切，把你看得清清楚楚。万一哪天他们把所看到的对你形象不利的情况讲出去，必然会影响你的形象和影响力。所以，若无必要，尽量别让下属来你家。

第三章

带团队只需做好五件事

带团队只需做好五件事：制定目标，设定标准，用好人才，营造气氛，激励人心。做好了这五件事，团队就会在你的牢牢掌控之下，一切的问题都不再是问题。

杰克·韦尔奇担任通用电气 CEO 时，曾在一次针对公司高层拓展活动之前，给每个参与者发了一顶耐克帽子和一双耐克球鞋。东西发完后，他问大家："为什么今天我发帽子和鞋子？"

大家说："为了明天的登山活动。"

韦尔奇又问："假如我还给你们发衣服甚至内衣裤，你们觉得怎么样？"

大家不约而同地嘘了一声，连连摇头说："不要，不要！感觉怪怪的，好不舒服。"

韦尔奇说："这就对了！你们不要，我也不该给。"

通过这件事，韦尔奇是想告诉公司高层管理人员：管理者应该管"头"管"脚"，但不要从"头"管到"脚"。习惯于从头管到脚的管理者，实际上是对自己控场能力的不自信。事实上，他们只要管好了"头"和"脚"，就能轻松掌控团队。可他们只相信自己，对下属总是不放心，担心下属把事情办砸，害怕自己对团队失去了掌控，于是经常不礼貌地干预下属的工作。

喜欢从"头"管到"脚"并不是通用电气公司管理者的通病，而是全世界管理者的通病。一旦管理者得了这个"病"，他们就会变得疑神疑鬼，变得事必躬亲。与此同时，下属会越来越束手束脚，越来越依赖他们，最后把主动性和创造性通通丢掉了。时间长了，企业自上而下就会患上"弱智病"。

管理者认识不到自己的主要职责，喜欢从"头"管到"脚"，具体会产生以下几种不良影响：

（1）对下属干预、指点过多，让下属无所适从。

（2）管理者总是把一切经验都告诉下属，这样下属永远都难学会自己独立做事。一旦遇到困难，他们就会想到向管理者求助，而不是独立思考解决办法。

（3）下属觉得自己处于管理者的监控之下工作，得不到信任，没有自由空间，他们的思路、工作方法会被严重束缚。

（4）管理者从头管到脚，会导致自己的工作量骤然加大，这会直接影响管理者本该做好的重要工作。

美国管理之父彼得·德鲁克说过："管理应该注重管理行为的结果而不是监控行为，才能让管理进入一个自我控制的理想状态。"当管理进入了一个自我控制的理想状态，那就说明你实现了对团队的完美控场。那么，怎样才能让管理进入到自我控制的理想状态呢？答案就是管好"头"和"脚"。如图3-1所示：

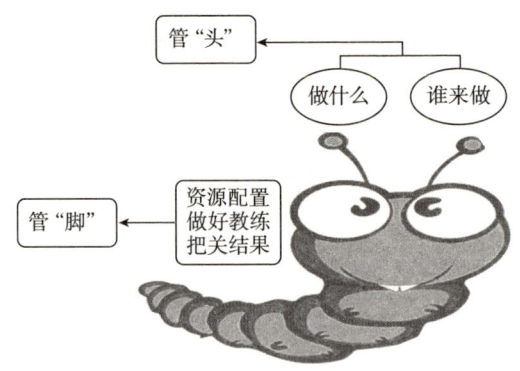

图3-1 管"头"管"脚"示意图

（1）管"头"：解决"做什么"和"谁来做"的问题。所谓管"头"，就是管好最重要的事情，这件事就是决策。决策包括制定目标，安排下属完成目标。这就涉及"做什么"和"谁来做"的问题。

①制定目标，解决"做什么"的问题。团队成员聚在一起，就是来做事的。到底做什么事？这由团队管理者来决定。对企业一把手来说，解决"做什么"的问题，就是做好企业发展规划，制定企业战略目标。而对部门管理者来说，解决"做什么"的问题，就是结合企业战略目标，确定本部门的工作目标。这都涉及决策的问题。

诺贝尔经济学奖获得者赫伯特·西蒙曾说："管理就是决策。"管理者必须解决团队"做什么"、"如何做"的根本问题，因为这些问题决定了团队前进的方向。正确的决策会给企业带来光明的前景，错误的决策会让企业陷入困境。

②分配目标，解决"谁来做"的问题。"谁来做"的问题，涉及管理者的用人智慧。比如，团队目标制定好了之后，谁来完成这个目标最合适？这需要管理者慎重地任用人才，要求管理者根据下属的能力水平、工作态度、效率等综合考虑。

（2）管"脚"：资源配置＋做好教练＋把关结果。所谓管"脚"，其实就是在一旁做好协助工作，确保下属圆满地落实工作目标。这要求管理者做好三件事：

①资源配置——给下属提供资源支持。俗话说："巧妇难为无米之炊。"要想下属高效地落实工作目标，管理者就应该提供充分的资源支持。就像杰克·韦尔奇说的那样："我的工作是为最优秀的职员提供最广阔的机会，同时最合理地分配资金。这就是全部。传达思想，分配资源，然后让开道路。"

美国微软公司的项目开发效率很高，其原因之一就是公司管理层给项目小组配置了充分的资源，包括政策、资金、技术、人员、场地、工具，等等。有了这些资源的支持，再加上下属自身的智慧和能力，自然就容易把工作做好。

②做好教练——及时指导下属开展工作。看过体育比赛的人都知道，教练只能在场下指挥，而不能上场比赛。企业管理者的角色就如同教练，应该多组织、辅导、制衡，而不能老想着自己上场比赛。有些管理者对下属的办事能力不放心，对下属的工作结果不满意，总想着代替下属解决问题。这样就越俎代庖了。正确的做法是耐心指导下属，帮下属提高工作能力，完善工作成果。这样不仅能做好工作，还能培育好人才。

③把关结果——用结果来评估员工表现。结果是衡量成败的最直接标准，也是最重要的标准。就像比赛一样，过程精彩固然能赢得观众的喝彩，但赢下比赛、赢得荣誉才是胜利者。管理者可以给下属定好起点，定好终点，让下属用自己的方式去完成工作。至于干得好不好，看结果就知道。

美国不少高科技公司，采取弹性工作制：不规定员工具体每天干什么，只是给员工一个任务，定一个完成期限，具体的过程就由员工自己来安排，最后根据员工的工作结果来评估业绩。这样就给了员工足够的空间，有利于员工充分发挥主动性和创造性。同时，也解放了管理者，让管理变成一件轻松的事情。

一、用清晰目标规划团队奋斗的方向

有人做过这样一个实验：组织三组人，前往十千米外的村庄。

甲组人员不知道村庄的名字，也不知道路程多远，向导只让他们跟着走。结果，走了两三千米就有人叫苦不迭，越往后大家的情绪也逐渐低落。

乙组人员知道村庄的名字，也知道路程有多远，但路边没有里程牌。大家只能凭经验估计走了多远。结果，走到五六千米时，有人开始抱怨，越往后大家的情绪越低落。

丙组最幸运，大家既知道村庄的名字，也知道路程有多远，路边还有里程牌。每走一千米，大家就知道离目的地近了一千米。结果，大家有说有笑地走到了目的地。

村庄就是目标，路程就是量化目标的数字，里程牌就是大目标分解后的小目标。这个实验充分说明，当人们有明确的目标，且把自己的行动与目标不断地对照，清楚自己与目标的距离时，人的行动力就会维持得更久。由此可见，一个清晰的目标是多么重要。

作为管理者，通过这个实验可以获得深刻的启示。那就是团队必须有清晰的目标。有了清晰的目标，团队成员才会明确奋斗的方向，才能获得前进的动力。那么，怎样的目标才算得上清晰呢？我们可以用"SMART原则"来判断，即它必须满足以下五个要素，如图3-2所示：

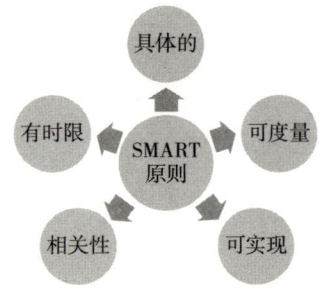

图3-2　SMART原则

S代表具体的（Specific），指目标要具体，不能笼统；

M代表可度量（Measurable），指目标可以量化成具体的数字；

A代表可实现（Attainable），指目标在付出努力的情况下可以实现，要避免设立过高或过低的目标；

R代表相关性（Relevant），指目标与其他目标是相关联的，或与企业现实情况要相关，切勿脱离实际；

T代表有时限（Time-bound），指的是目标要有时间限制，规定在特定的期限内完成。

对于团队目标来说，除了要符合以上五点基本要素，在制定目标的时候，还必须满足以下四点要求，如图3-3所示：

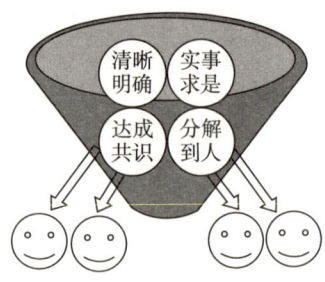

图3-3　团队目标的四点要求

1. 清晰明确

要想团队目标对员工产生激励效果，首先要求团队目标清晰明确，让人一看就知道做什么事，做到什么效果。在这方面，沃尔玛公司从成立发展到现在，所制定的目标始终符合这个要求，堪称企业界的楷模。

山姆·沃顿创立第一家商店时，就定了一个非常清晰明确的目标——在五年内，使我在纽波特的小店成为阿肯色州最好、获利能力最强的杂货店。怎样才算最好、最强的杂货店，沃顿有清晰明确的说明——这家店的销售额必须增长三倍以上，从年销售额72000美元，增长到25万美元。五年后，他实现了这一目标。

后来，每过几年沃顿就制定一个远大而清晰的目标。比如，他曾制定了一个目标——在四年内成为销售额1亿美元的公司，结果也实现了。

有了清晰明确的目标，大家才知道具体做什么。目标不清晰明确，是员工不知道做什么的主要原因。想让员工积极地行动，管理者就必须确保目标清晰明确。

2. 实事求是

再清晰明确的目标，如果太离谱了，没办法实现，那也是不行的。所以，团队目标还必须符合第二个要求——实事求是。管理者在制定目标时，必须了解团队自身的能力，切勿设立过高或过低的目标，否则，目标就失去了激励性。

既符合实事求是这一要求，又能够充分激发员工积极性的目标，是略高于团队能力，有一定挑战性，又可以达成的目标。通俗地说，就是"跳一跳，够得着"的目标。摩托罗拉公司创始人高尔文曾经就设定过很多这样的目标，充分激发了团队的潜力。

摩托罗拉公司刚进入电视机市场时，高尔文制定了这样一个目标——在第一个销售年，以179.95美元的价格卖出10万台电视机，还必须保证

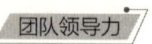

利润。

当时有一位管理者抱怨说:"我们绝对卖不出去那么多电视机,那意味着我们在电视机业的排名必须升至第三或第四名,而我们现在最好的排名才是第七或第八名。"

还有一位产品工程师说:"我们甚至都还没有把握能使电视机的成本低于200美元,但售价已经定在179.95美元了,这怎么可能保证利润呢?"

但是,高尔文却表示:"我们一定可以达成这个目标,我相信大家能行。"之后,高尔文通过员工反馈的信息,制定了一项严格的奖罚制度,激励大家刻苦钻研、努力创新,设法降低电视机的生产成本。同时,制定新的销售制度。不到一年,摩托罗拉公司真的实现了这个目标。

一个有挑战性的目标,比一个不切实际的目标或过低的目标有意义得多。通常情况下,当你的团队完成了一个有挑战性的目标后,大家会为实现这个目标而感到自豪,这种自豪感会促使大家更积极地工作,从而激发团队的凝聚力和战斗力。

3. 达成共识

团队目标不应该是团队领导单凭个人意志一厢情愿制定出来的,必须和团队成员达成共识。如果目标是管理者强加于团队的,没有赢得共识,那么这个目标的执行就会遇到障碍。大家都不认同这个目标,又怎么会心甘情愿地努力执行呢?

想要团队目标达成共识,管理者在制定目标时,应该鼓励大家参与进来。让团队成员参与到目标设定中来,不仅可以激励员工,还能避免领导者想当然地设定目标,导致目标与实际情况不符,更能提高员工对目标的责任感,从而积极自律地完成目标,实现自我承诺。

如果公司太大,无法让每个人都参与进来,那么管理者应该在制定目标后,把这个目标公布出来,让大家都清楚明白,并接受大家的反馈意见。如果有人对目标不理解,或提出质疑,管理者应该耐心地解释说明,并倾听大家的想法。

4. 分解到人

要想庞大的团队目标得以实现,管理者还应对这个目标进行分解:分解到各个部门,再分解到各个团队成员。通过目标分解,可以化难为易,降低执行难度。比如,某公司销售部的年度销售目标是3000万元。销售部接到这个任务后,就开始对目标进行分解:

销售经理负责完成30%的销售任务,即900万元;七名销售员负责完成剩下的2100万元销售额,平均每人完成300万元。销售经理再指导各销售员将300万的销售任务分解到一年中的12个月,让大家清楚每个月的销售目标,清楚自己这个月要做多少事情,这样更有利于大家在期限内完成目标。

二、量化的指标才能让大家明白你想要的结果

管理大师彼得·德鲁克说过:"如果不能衡量,就无法管理。"工作的落实也是如此,如果没有量化的指标,员工不明白你希望他做出什么样的结果,这样他们就很难给你想要的效果。

举个简单的例子,你安排下属去采购某种商品。但由于你没给出量化的指标,结果就可能出现以下情况:

情况1:你没有给下属时间期限,下属不知道多长时间内完成这项任务。很可能你希望他一天内完成这项采购任务,但他却花了三天时间才完成。

情况2:你没有告诉下属具体的数量,下属不知道采购多少件商品。很可能你希望他采购100件商品,但他见你以前都是让他采购200件商品,结果他这次还是采购200件商品。

情况3:你没有告诉下属商品质量级别,下属不知道采购什么质量的商品。很可能你希望他采购A级品质的商品,但他却采购了B级品质的商品。

如果以上任何一种情况发生,你会不会对下属感到失望呢?可实际上,很多管理者就经常犯类似的错误,安排工作不说清楚具体内容,下达任务不说明完成期限。结果造成下属执行不到位,并被管理者痛批一顿,你说下属冤不冤?

事实上,想让下属执行到位并不难,关键是要给出具体的量化指标。只要你给出了量化的指标,你就可以实现对下属执行效果的有效掌控,确保执行有条不紊地进行,确保自己的团队不拖后腿。在这方面,全球快餐巨头麦当劳公司的做法堪称经典。

麦当劳公司的管理水平在全球久负盛名,特别是麦当劳独特的克隆技术,保证了他们每一家麦当劳分店所制造的食品都一模一样,让顾客走到哪里,都可以看到熟悉的麦当劳食品,从而获得一种亲切感。麦当劳做到这一点的关键就在于目标的量化。

在麦当劳的经营手册中,除了指导员工的行为外,还有严格的食品生产标准,其中包括食物配置、设备维护、店面环境等。比如,手册中规定:门窗每天必须擦两次,小面包的大小只能是3.5英寸,一磅肉所含脂肪必须少于19%等。

在食品出炉后的存放时间方面,麦当劳也有明确的规定:炸薯条存放不能超过7分钟,汉堡包存放不能超过10分钟,咖啡的存放时间不能超过30分钟。如果超过了规定的时间,必须扔掉。正是这些具体到数字的量化指标,才保证了麦当劳的员工知道该怎么工作,做成什么样子。

量化的指标就是执行的标准,就是行为规范。有了标准和规范,员工在执行任务、落实目标时,才会清楚你想要的结果。量化的指标是完美执行的有力保障,也是事后考核评估下属执行效果的依据,更是管理者对下属执行力的有效掌控。可以说,有了量化的指标,执行不会走样,考核不会乱套,团队不会失控。

那么,管理者应该怎样去量化指标呢?下面介绍三种量化指标,如

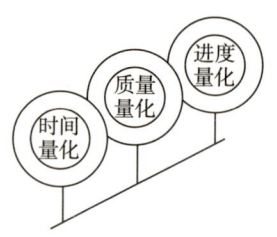

图3-4 量化指标

图3-4所示：

1. 时间量化：给出具体的时间限制

管理者在给下属布置工作时，可以从时间上来确定量化的指标，即给工作的完成限定一个时间。具体来说，时间量化有两个方法：

（1）限时解决。很多工作可以确定起始时间，比如，做一个策划方案，写一个市场调研报告，管理者在安排这类工作时，可以给下属一个明确的时间限制。比如，"明天下班之前，把策划方案给我！""这周五下班前把市场调研报告交给我！"有了明确的时间限制，可以增强下属的紧迫感，下属就不会轻易拖延，从而保证了执行力。

（2）时间分段。有些工作每天都要做，无法限定在一个完整的时间段内。比如，清洁工每天早上6～8点打扫公司卫生。对于这类规律性的工作，管理者可以给下属定好每天的执行时段，即每天在同一个时段去完成。虽然打扫卫生的工作没法量化，但一个月内，多少天没有在6～8点完成卫生清洁工作是可以量化的。

2. 质量量化：给出具体的质量要求

一项工作在规定的时间内做了不是目的，做好了才是目的。这就涉及完成的质量，管理者在给下属安排工作时，有必要对完成质量给出具体的要求。

（1）抽样情况。如果一项工作不能对所有的内容进行质量评估，那么，可以通过抽样检查个别工作质量，来整体评估所有工作内容的质量。

比如，客服专员每天要受理很多客户的投诉，对于考核者来说，没办法跟踪每一件投诉的处理质量，那么可以通过运用监控录像等技术设备，监控客服专员的服务质量，看处理结果客户是否满意。

当然，抽样检查具有一定的偶然性，这就要求考核者尽量多次抽样，争取更准确地评估下属的工作质量。比如，对每个客服专员的服务质量抽样两次，根据这两次的结果来评估他的工作是否合格。

（2）事故情况。有些工作容不得半点事故发生，一旦发生了事故，意味着执行质量不达标。比如，某客服专员处理客户的投诉不能让客户满意，被客户投诉到上一级领导那里，就可以视为一次服务质量事故。这就可以直接反映其服务质量了。

（3）特殊奖励。与质量事故相对的是特殊奖励。假如一名员工在工作期间，受到了某种特殊奖励，那可以视为工作质量优秀。比如清洁工被公司授予"卫生标兵"的称号，这就是对该清洁工工作质量的高度认可。

（4）满意度。有些工作难以用量化的质量指标去评估，那么我们可以通过满意度来评估其执行质量。比如，清洁工打扫公司，打扫得干净不干净，可以通过全体公司人员的满意度调查来了解。同样，客服专员的服务质量怎么样，可以通过客户满意度调查来了解。

3. 速度量化：对员工提出速度期望

现代企业竞争成败的关键，很大程度上取决于速度。速度就是效率，速度就是生命，速度就是竞争力。因此，管理者在下达任务时，可以在速度方面对下属提出期望。比如，"我希望你尽快完成这项工作，因为它特别紧急，越快越好！"这样可以激发下属加快执行速度，争取在最短的时间内完成它。具体来说，评估员工执行速度的指标有以下三个：

（1）耽误工作次数。有些工作很难限定在标准时间内，比如，救火队员。一旦接到警情，就必须以最快的速度赶赴现场把问题解决。再比如，公司的采购部对于生产部提出的要求，要以最快的速度做出反应，以免耽误正常生产。这个时候，考核采购人员工作质量好不好，关键要看他耽误工作的次数。比如，采购部在一个月内，一次都没有耽误生产部的正常生产，那说明采购部的工作质量十分完美。

（2）同一时间内的速度对比。同样是一项工作，在完成质量差不多的情况下，甲十五分钟搞定，乙却花一个小时。谁的执行效率高，谁的执行效率低，一目了然。

（3）对比平均速度。拿两名下属的执行速度直接作比较，可能会有失公正，因为人的能力有差别，万一甲和乙正好一个是最有能力的员工，一个是最差的员工呢？在这种情况下，可以让乙来对比平均速度。比如，推销一件产品，销售部员工的平均用时是十分钟，但乙的用时是三十分钟，那么很明显，乙的执行效率低。

三、第三件事：选用育留，每个环节都影响团队的兴衰

企业之间的竞争，归根究底是人才的竞争。哪家企业拥有优秀的人才，并把人才用好，哪家企业就能兴盛。但是，企业要想人员稳定、长盛不衰，还必须重视培育人才和留住人才。这样，企业里面才会人才辈出，企业人才团队才会稳如磐石。

看看现在的一些企业，曾几何时多么辉煌，可都昙花一现。原因何在？追寻原因，你会发现无一不是选人、用人、育人、留人方面出了问题。再看看那些成功的企业，他们恰恰是做好了这些方面的工作。所以，企业管理者要努力做好这四个环节的工作，确保"人"不出问题，企业的长远发展就有保障。

下面，我们就来分别讲一讲如何选人、用人、育人、留人，如图3-5所示：

1. 怎样选人

对于任何一家企业来说，选人都是最重要的工作。优秀的企业永远都将选拔人才放在首位。选拔人才需要正确的观念和指导思想。

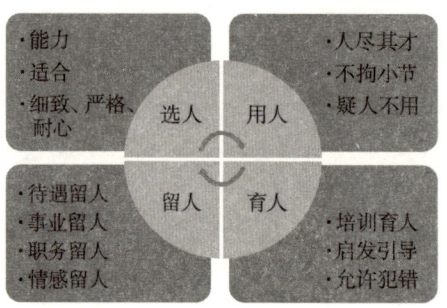

图 3-5　选人用人育人留人的策略

（1）高学历 VS 有能力。有学历不等于有能力，有文凭不等于有水平，职称不等于称职。巨人集团创始人史玉柱曾说："初中水平跟博士后没啥区别。只要能干就行，我一直是这个观点，不在乎学历，只要能干能做出贡献就行。"他认为，人才就是我把一件事情交给你，你做成了；我再把一件事情交给你，你又做成了。只要你能把事情做成，你就是有用的人才。

对于学历，管理者应做到：学历只是多个选人标准之一，且不应该作为硬性标准。比如，很多企业规定应聘者必须本科以上学历，那求职者只有专科学历，企业要不要？其实可以先面试看看，也许专科生能力强呢！

（2）高能力 VS 最合适。在选拔人才时，企业经常遇到这样的问题：是选择最优秀的人才，还是选择适合企业的人才？有些管理者觉得，最优秀的人才有很强的能力，能为企业带来更多的价值。因此，他们推崇选拔高能力的人才。但是阿里巴巴总裁马云却不同意，他认为选择最优秀的人才就好像把飞机引擎装在了拖拉机上，最终还是飞不起来。选拔人才的关键，是找到最适合企业的人才。

马云曾招募了一大批来自哈佛、斯坦福及国内知名大学的 MBA。这些精英进入阿里巴巴后，不断地向马云灌输各自的管理理论和工作方法。有的人说资本最重要，有的人说市场最重要，有的人说技术最重要，要下大本钱投资技术开发……

结果把马云弄糊涂了，他们的话听起来都很有道理，但做起来却行不通。后来马云意识到，不是这些精英不好，而是阿里巴巴当时的发展水平不需要这些精英。他们很有能力，但是不适合阿里巴巴。这就好比把飞机的引擎装在拖拉机上，最终还是飞不起来，还可能把拖拉机给拖坏。

回顾那段选人经历，马云总结道："阿里巴巴在发展过程中犯过许多错。比如在创业早期，阿里巴巴请过很多'高手'，一些来自500强大企业的管理人员也曾加盟阿里巴巴，结果却是'水土不服'。那些职业经理人管理水平确实很高，但是不合适。"

不只是马云，世界知名的企业家在用人时，都讲究"适合"二字。比如，联想集团的用人理念是"所用的人才都是适合联想的，但并不一定都是最优秀、最好的人才"。日本东芝公司推行"适才所用"的选人原则，让员工申报最能发挥自己专长的职位。北京双鹤药业的用人理念是"敢于起用新人，不求最好，只要能胜任工作，合适的就提升"。

（3）选人要耐心、细致、严格。人才招聘和选拔的过程，是一个费时费力的过程。管理者在招聘人才时，一定要耐心、细致、严格走程序，切勿追求速度，忽视人才的质量。因为选人直接关系到用人，选拔的人才不合适，意味着白忙一场，还会给企业造成更多的成本。

美国西南航空公司是美国航空业中唯一一家持续盈利的公司。该公司连续数年获得美国交通部颁发的各种奖项，包括服务奖、准点航班奖、行李搬运奖等等。这些成就来自公司的出色管理，更来自公司严格的人才选拔制度。

西南航空公司重视每一位员工的甄选考核，任何一名求职者要想进入公司，都要经过重重考验。公司总经理多次对管理人员强调："哪怕是分公司要招聘一位新员工，也要把它视为事关公司前途的大事，必须雇佣素

质最好的人,一个由最好的人组成的公司,才能取得最出色的成就!"

一次,公司要在一个小镇上招一名代理商。人事部经理面试了34个人,还是没有找到合适的人选。他认为,这个小镇没什么重点项目,根本不需要这么认真选人。招聘已经花掉了大量经费,如果继续面试下去,还要花更多的时间和经费。于是,他建议总部选择一个相对合格的人。

总经理收到建议后,下令道:"只要能找到合适的人,面试340个也不要紧,公司承担得起这笔经费!相反,如果招聘一个不合格的代理商,公司可能会蒙受更大的损失!"

企业就像一台精密的仪器,必须保证每一颗螺丝钉都是合格的、牢靠的。一旦有个零件不合格,就会影响这台机器的整体效率。因此,选人要有耐心、细致的态度,要严格遵守选拔程序。因为与选拔人才相比,培育人才所投入的资源多得多。因此,企业应该把选择合适的人才放在首位,而不要想着随便找个人过来,不合适再培养。

2. 怎样用人

选拔了优秀的人才,管理者还要会用,把人才用好了,人才的价值才能最大化地发挥。

(1) 用人之长,人尽其才。汉高祖刘邦在总结自己夺得天下的经验时说:运筹帷幄,决胜千里,我不如张良;安民镇国,保证后方安定,我不如萧何;统兵百万,战必胜,攻必克,我不如韩信。但我能大胆放心地发挥他们的长处,所以,我胜利了。这段话充分说明了用人的智慧,那就是用人之长,人尽其才。

也许有些人才能力很强,你提拔他当领导,但是他的长处不在管理上,而在执行上。这样做反而不利于他的特长发挥,对公司也不是什么好事。所以,不怕人才没能力,就怕管理者不了解人才的优势和特长,不能让人才做自己擅长的工作。因此,管理者应该多与人才接触,在工作中关注各个人才的特点,了解他们的特长。另外,还要了解人才的性格、脾气秉性、意志品质等，这样便于把人才安排在最能够发挥各自特长的岗位上。

（2）抓大放小，不拘小节。管理者用人，应该多看大处，不拘小节。看大处，指的是看一些关键的方面，包括人品、能力、责任感；不拘小节，指的是不要在一些无关紧要的细枝末节上纠结。比如，前文讲到林肯重用格兰特将军，并不在意格兰特嗜酒贪杯这个坏习惯。这就是抓大放小，不拘小节的表现。

（3）用人不疑，疑人不用。用人就要信任人才，信任对于人才来说是一种欣赏，是一种激励。当你信任人才时，你才会大胆地授权，把工作交给人才去做。这样才能发挥人才的价值，同时解放你的手脚和大脑，让你更好地去做管理者该做的事情。如果你对某个人才不信任，那你干脆别用他，因为用一个不信任的人，你会提心吊胆，会严加监控，这对人才也是一种折磨。

3. 怎样育人

培育人才不仅是留人的一种有效策略，也是提升人才能力的有效方法。管理者在用人的过程中，还应该重视人才培育工作，不断提升人才的能力，使人才能够为企业创造更大的价值。

（1）培训育人。培训是企业给员工最好的福利之一。任何一个渴望进步的人才，都希望不断学习新知识、新技能，提高自己的能力水平，提高自己的价值。因此，从人才进入企业的那天开始，企业就要重视给人才提供相应的培训。

那么，企业应该给人才提供什么样的培训呢？这个问题值得管理者认真思考，切勿看到什么培训课程火，就认为这个培训课程对员工有好处。管理者在确定培训内容时，一定要从企业实际需要出发，从员工的实际水平出发，有的放矢地选择培训内容。如果管理者一厢情愿地安排培训课程，很可能浪费了财力，还费力不讨好。

建议管理者在确定培训内容时，在员工中做一番调查，了解员工期望获得哪些方面的培训。同时，管理者要结合企业的发展需要，看公司员工当前哪方面的能力水平欠缺。综合这两个要素，才能确保培训内容是最有价值的。

（2）启发引导。聪明的管理者应该做下属的老师，做下属的教练，而不是做下属的"答题器"。当下属请教问题时，管理者应该多启发引导，激发下属思考，再教给下属做事的方法。

有个年轻人学做服装，师傅先告诉他基本的服装裁剪方法，然后让他自己做。当他遇到困难时，他就会请教师傅。但师傅只是启发他、引导他，而不会直接告诉他怎么做。师傅说："你先自己想想，实在想不出来，我再教你，这样才会印象深刻。如果你一问我就告诉你怎么做，你明天就会忘掉的。到时候还是不会，还要问我。"

这位师傅就是一位教练型的领导，他懂得如何带徒弟，如何激发徒弟的思考力。管理者很有必要学习这种带人的方法，通过不断地启发引导，教给下属更多的经验、方法，提升下属的能力水平。

（3）允许犯错。从错误中学习，不断汲取经验教训，也是人才培育的一种有效方法。俗话说："人无完人，金无足赤"，下属犯错是很正常的。面对下属的错误，聪明的管理者懂得宽容，懂得引导，启发下属从错误中学习。

4. 怎样留人

企业把优秀的人才吸引过来，只是成功了一半。如果不能留住人才，人才就会成为企业的匆匆过客，无法推动企业的长久发展。那么，怎样留人呢？

（1）待遇留人。薪资待遇是吸引人才、留住人才最基本的"硬件"。能力越强、贡献越大的员工，理应获得越高的待遇。这是对人才价值最基本的认可。尽管待遇不是留住人才的唯一因素，但大部分人认为，工资越高越有利于留住人才。因此，建议企业设立相应的绩效奖励措施，推行多劳多得的薪资制度，鼓励员工争创佳绩，让员工得到与其业绩匹配的待遇。

（2）事业留人。用事业留人，指的是管理者不断给人才分享公司的愿景和目标，激发人才的使命感和事业心，让人才把工作当成自己的事业去对待。同时，企业要帮助员工做好职业生涯规划，给人才提供发展平台，让人才与企业一起成长，一起发展。

美国微软公司是全世界最能吸引人才、最能留得住人才的公司。因为，公司的人力资源部为人才制定了明确的职业发展计划，给每个人才详细列出了从进公司开始，一级一级向上发展的所有可选择职务，以及不同职务需具备的工作能力和经验，还有不同职务对应的薪资待遇，使人才来到公司之初，就明确了职业发展的目标和方向。

有些企业还会和员工分享股权，使员工与企业产生密切的利益关联。这样人才就会真正把企业当成自己的事业，当成自己的家，对企业产生强烈的归属感和主人翁意识，从而努力做好本职工作，并长久地为企业效力。

（3）职务留人。谁不希望自己位高权重，步步高升？绝大多数人的骨子里都有根深蒂固的官本位思想，业绩突出的员工总希望获得职位的晋升。比如，业务人员想升主管，主管想当经理。所以，管理者应根据人才的能力和业绩表现，适时给他们加官晋爵。

当然，并非任何一个业绩好的人才，都适合提拔其职位。对于不能给予职位提拔的人才，企业可以在荣誉上给他们认可。比如，设立"研发工程师""销售精英""金牌主管"等荣誉称号，并相应地设置奖励。这样可以鼓舞士气，激励人心。

（4）情感留人。人是有感情的，管理者在带团队的过程中，要想完美地掌控团队，维护团队人员的稳定，就不能忽视给员工情感上的关怀。比

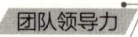

如，经常和员工交流思想，了解他们的工作困难、衣食住行等方面的烦恼。节假日时，给员工真诚的问候。员工身体不舒服时，多一些关心，用这些充满温情的方法，将以人为本的企业文化落到实处，用真情留住人才。

四、营造竞争与合作并存的团队氛围

如果一个团队里 50 个人,就你一个人努力工作,你会不会干下去?如果 50 个人,其他 49 个人都努力工作,你会怎么样?答案不言自明。同样的企业环境,因为工作气氛不同,人的工作状态是大不相同的。因此,想让每个团队成员都充满激情地工作,管理者应该重视营造人人进取、相互比拼的团队氛围。

营造竞争的团队氛围,看似给员工制造了压力,其实更有利于促进员工提高业绩。正所谓"没有压力就没有动力",适当的团队内部竞争压力,能有效地刺激每一位成员的工作动力,使整个团队保持活力,提高业绩。

美国密歇根大学的研究人员曾做过一个实验,他们安排一个工作小组的人员在一个专门设计的"竞争房间"内一起工作了几个月。再利用软件开发行业常用的考核方法,评估这些人员的工作业绩。结果发现,他们在竞争氛围下的工作效率,比以往提高了两倍多。在后续的 11 次实验中,研究人员得到了几乎相同的结果,有些人的工作效率甚至提高了四倍。

这个试验充分说明了竞争的魅力,说明了在竞争氛围下团队成员的表现。那么,管理者应该怎样营造竞争的团队氛围呢?

1. 将业绩最差的5%~10%的员工淘汰掉

杰克·韦尔奇曾在电视访谈节目中强调:"不断地裁掉最差的10%的员工,对公司的发展至关重要。各层经理每年要将自己管理的员工进行严格的评估和分类,从而产生20%的明星员工(A类)、70%的活力员工(B类)以及10%的落后员工(C类)。"如图3-6所示:

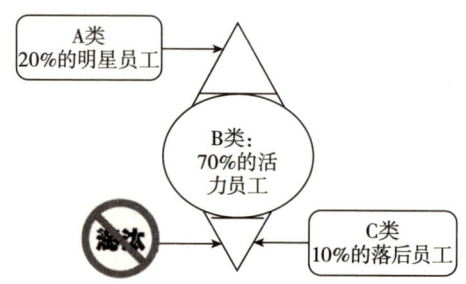

图3-6　通用公司末位淘汰制示意图

比尔·盖茨非常赞同韦尔奇的观点。坚持"能者上,浑水摸鱼者走人"的用人风格,不断裁掉最差的员工,这是微软公司的一贯做法。微软公司每半年就会对全体员工考评一次,将业绩最差的5%的员工淘汰掉。这就给员工制造了竞争压力,促使员工不断进步。

尽管微软公司每年保持很高的人员淘汰率,但它并没有形成一种让人感到残酷无情的企业文化。这是因为工作评估不仅是淘汰人员的依据,也是优秀人才晋升的依据,还是公司挖掘人才潜能的有效手段。评估的重点是寻求双方的认同,给员工一个自由发展的空间,让员工发现自己的不足。

在微软,工作五年以上的员工,几乎都会选择继续留下。因为在竞争的团队氛围中,大家相互比拼,共同进步,创造了微软公司的辉煌,这带给了他们强烈的职业成就感。正是这些经过不断优化后留下来的人才,构成了微软稳定的主力开发人员群体,使得微软在竞争中立于不败之地。

2. 推行以部门为单位的团队竞争机制

在规模较大的公司里，各个部门就是一个个相对独立的团队，没有哪个团队愿意比别的团队差。因此，开展部门之间的良性竞争，可以有效地激发各个团队的战斗力。在这方面，日本松下公司的做法堪称经典。

松下公司每季度都会召集一次讨论会，各部门的经理都要参加这次会议。开会之前，公司领导会根据各部门完成的任务情况，由高到低划分为A、B、C、D四个等级。每个部门处在哪个等级一目了然，这充分激发了各部门经理的好胜心。因为大家同为部门经理，谁也不愿意排在靠后的等级。

当某个部门经理发现自己部门的业绩排在靠后的等级时，他会觉得这是一种耻辱。回去之后，他就会设法激发部门人员努力工作，争取在下一次评比中实现超越。这样一来，各部门之间无形当中就处在你追我赶的竞争氛围中。伴随着各部门业绩的不断提高，企业的整体效益也就水涨船高。

为了激励各部门展开良性竞争，松下公司设置了相应的奖励措施。公司规定：对各部门所取得的利润，采取40%留于自行支配的做法，利润主要用于本部门员工的福利、更换或扩充设备等。因此，各部门的业绩越好，利润越多，能够留下来的利润就越多。这种多劳多得的奖励模式，很好地刺激了各团队管理者及其成员拼命工作。这就是松下公司长盛不衰的一个重要原因。

值得注意的是，以部门为单位的团队竞争机制，比较适用于公司规模较大、同一部门有较多工作小组的大公司。比如，公司销售部有八个工作小组，这八个小组就很适合展开竞争。而这八个小组的内部成员，为了团队的总体业绩，彼此之间展开密切的合作，又体现了团队合作的智慧。

而一些小公司并不适合采用以部门为单位的竞争机制。因为不同的部门，由于业绩考核指标不同，很难通过绩效考核计算出孰优孰劣。比如，行政部、销售部、生产部、人力资源部等，各个部门的性质是不同的，业绩和利润也是很难直接比较的。

3. 设置团队奖，鼓励团队成员合作

营造竞争的团队氛围，并不意味着否认团队合作的重要性。假如一个团队或一个企业中，大家之间没有合作共存的意识，那么团队就成了一盘散沙，各自为战。这样的团队和企业就会失去凝聚力和战斗力。因此，竞争与合作应该是并存的。

以部门为单位团队竞争机制，就充分体现了竞争与合作并存的道理。一方面，团队与团队之间是竞争关系，但是当公司与同行竞争时，各个团队之间必须密切合作，因为公司利益高于一切；另一方面，在公司内部，各个团队内部成员要密切合作，这样才能壮大各个团队的力量，提升团队业绩，从而在竞争中争先。

所以，在鼓励团队之间竞争时，企业可以设置团队奖，哪个团队在竞争中获胜，就可以获得相应的团队奖励。这就是让大家以团队为单位，在竞争的同时，注重团队内部的合作。最终，可以营造出竞争与合作并存的团队氛围，营造出良性竞争与合作的企业氛围。

五、管理高手都是最优秀的激励者

美国著名管理顾问尼尔森说过这样一句话:"未来企业的重要趋势之一,是企业管理者不再像过去那样扮演权威角色,而是要设法以更有效的方法,间接引爆员工潜力,创造企业最高效益。"要想引爆员工的潜力,管理者就要学会激励员工。

心理学研究表明,一个人的工作热情不可避免地会出现一定的起伏。当员工不在状态或表现不佳时,通过有效的激励能让他获得激情,这是一种美滋滋的感觉。而当一个人表现较好时,有效的激励会让好的表现延续下去。说白了,激励就是刺激人的潜力爆发出来。成功的管理者都是优秀的激励者。接下来,我们就来看看优秀管理者激励员工的常用手段。如图3-7所示:

图3-7 激励员工的常用手段

1. 不吝赞美

一天晚上，韩国一家企业被一名小偷光顾。正当小偷翻箱倒柜寻找钱财时，被一位清洁工发现了。清洁工马上阻止小偷，并与之殊死搏斗，最后成功保护了公司财产。

事后媒体采访这位清洁工，问他为什么那么勇敢地与小偷搏斗。他的回答让人惊讶不已，他说："因为总经理每次经过我身边时，都会夸我地打扫得干净。"

著名管理专家彼得·德鲁克曾表示："金钱不能购买责任感。"但是赞扬可以，因为渴望被人肯定是人类的一种高级需求。每个下属都希望得到上司的赞扬、肯定和欣赏。如果你让下属感受到你在真诚地赞扬和欣赏他，他会以最大的忠心和热忱来回报你。所以，不要吝啬你的赞美之词，真诚地去赞扬下属，给下属认可和欣赏。

2. 鼓励参与

当下属觉得他正在成为某项工作不可分割的一部分时，那么他的积极性会空前高涨。也就是说，下属不愿意长期受管理者的任意摆布，他们希望获得主动性和参与感。比如，在团队决策时，他们希望有机会发表意见，希望管理者倾听他们的想法，好让自己参与到决策中来，这样更能体现他们存在的价值，唤起他们内心深处的责任感。

3. 制造乐趣

工作不仅仅是为了赚钱，赚钱只是下属最基本的需求，获得快乐才是最深层次的需求。管理者若能让员工感受到工作的快乐，通过快乐来激励下属，那么下属将会获得持续的动力源泉。一旦下属有了这个动力源泉，他们就会对企业产生归属感，乐意为企业效力，这对企业留住人至关重要。

在美国微软公司，员工可以带着孩子来上班。这样员工可以照顾孩子，增加与孩子相处的时间。当员工生日或结婚时，微软的管理者会为他们举办形式别样的生日或婚礼庆祝会，充分表达了对员工的关怀和重视。微软公司还会邀请员工的父母来公司参观，或给他们的家属寄送礼品，让员工的家属以他们为荣，为他们感到骄傲。这些都能让员工充分感受到工作的快乐，唤起员工对公司的归属感。这比任何形式的物质奖励更能持续不断地催人奋进。

4. 设定目标

有目标才会有希望，才会爆发出工作的动力。管理者在激励下属时，别忘了给他们定目标，鼓励他们达成目标。令人沮丧的是，有些管理者认为高目标可以激发下属的斗志，高目标才是一种挑战。然而，如果下属认为你给他定的目标是不可能完成的，或者难度非常大，那么下属将会失去信心。所以，要给下属定目标，但不能把目标定得太高，一定要切合实际。

切合实际的表现在于，要根据下属的能力水平来定目标。比如，下属的能力一般，你最好给他定个难度适中的目标；下属不擅长某方面的工作，你就尽量别给他制定那方面的工作目标，而要尽量给下属定他擅长的工作目标。一定要让下属觉得，自己通过努力有机会达成目标，这样才能激起他们的挑战欲望。

5. 真心宽容

当你划一根火柴时，有两种必然的可能：点燃或者没点燃。有些火柴你要划很多次才能点燃，而有些火柴甚至不可能被点燃。这就好像一项工作，你交给下属去办，下属有可能办成，有可能失败。下属失败了，并不代表他没有努力。只要你宽容他，信任他，再次给他机会，他就可能成功。所以，不要太在意下属犯错或失败，而要给下属宽容、信任，这是激发下属潜力的有效激励策略。

松下电器公司创始人松下幸之助曾说过："如果你犯了一个诚实的错误，公司可以宽恕你，并把它作为一笔学费。但如果背离了公司的精神，

就会受到严厉的批评直至被解雇。"这句话告诉我们，下属在工作中出现错误和失败是可以原谅的，但前提是不能背离公司的精神，不能违反公司的制度。

6. 温情关怀

人是感情动物，需要情感上的满足，希望得到他人的关心。员工的这种情感需求如果能在企业里获得满足，那么，他们就很容易对企业产生归属感，从而提升对企业的忠诚度和工作责任感，努力为企业贡献力量。

有一次，公司准备在一个购物广场搞店庆。老板把企划主管叫到办公室，和他交流店庆促销方案。突然，企划主管连续咳嗽了几声。总经理马上问道："怎么了，身体不舒服吗？"企划主管点点了头。

"那你先去医院看看，开点药吃，等身体好些再回来搞促销方案。"

"一点感冒不要紧，店庆促销方案最重要！"企划主管说。

"我可不那么认为，我觉得身体比方案更重要。方案先搁在这儿，你去医院看病，回头咱们再聊方案。"

然后，老板派人陪同企划主管去医院看病。临走时，老板拍了拍主管的肩膀："辛苦你啦。"

第二天，企划主管熬夜加班，上交了一份非常完美的策划方案，以回报老板的关爱。

当下属遇到困难、挫折或生病时，往往是情绪低落的时候。如果这时你能及时送上关心和问候，送上鼓励和安慰，那么下属一定会感动不已，精神为之一振。对下属多一些关心，下属会铭记你的好，并用出色的业绩来回报你。

松下幸之助就特别重视表达对员工的关爱。每次叫员工到办公室谈工作时，他都会亲自为员工沏上一杯茶，并充满感激地说："太感谢了，你辛苦了，请喝杯茶吧！"这既是表达对员工的重视，又是对员工真诚的关心和问候。所以，他深受全体员工的拥戴，大家都心甘情愿为他效力，为企业奉献。

第四章
把控节点就是把控流程

企业界有个说法，即"管理就是走流程"。企业流程明晰，但管理者依然难以实现对团队的完美控场，原因出在哪里？其实是没有把控节点，导致流程的上一环与下一环脱节，最终对执行失去了控制。可以说，把控节点就是把控流程，把控流程才能掌控全局。

一、把控好节点就管住了全部流程

什么是节点？通常来说，节点就是交汇点、交接点。同理，流程节点指的是流程各环节之间的交汇点、交接点。当一项工程需要若干个不同程序、环节或分若干个阶段来完成时，某一程序或某一阶段的工作结束后，另一程序或另一阶段的工作开始时的转接点，这就是流程的节点。

管理上通常用节点把每一项工作分解细化，让员工知道身处哪个节点，职责是什么，目标是什么，该怎么做，这样有利于提高员工的素质和责任心，实现管理流程化、标准化、规范化。

把控节点能有效测量评估各个工作节点的质量、成本和效率。比如，快餐巨头麦当劳规定：炸薯条存放不能超过 7 分钟，汉堡包存放不能超过 10 分钟，咖啡的存放时间不能超过 30 分钟。员工是否认真执行呢？管理者会定期抽样检查，以防范和控制员工不合规定的行为。

在把控节点的过程中，沟通是必不可少的重要环节。通过沟通来把控节点的做法，我们可以称之为沟通节点，它指的是流程各环节之间的信息

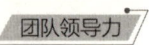

传达。比如，公司广告部设计了一个产品广告，交给营销部在产品发布会上使用，在交付的时候，广告部人员应该与营销部人员沟通：这个广告打印多大尺寸？发布会的时候摆在什么位置效果最佳？在介绍产品时，怎样利用这则广告？有了这些沟通，就能确保广告从设计到使用实现效果最大化。

很多管理者明白管理就是走流程，通过掌控流程实现对企业完美控场。可是仅有流程往往是不够的，还应该把控好节点，即把控流程各环节之间的交接点，让流程顺利地往下过渡，从而确保流程高效有序地运转。从这个角度来说，把控好节点才是真正地用流程管理企业。

那么，如何把控好流程节点呢？

1. 识别流程节点

学会识别流程节点，是每个管理者都应重视的课题。因为如果不能识别出流程节点，那就谈不上把控节点。虽说节点是交汇点、交接点，但实际上它包含了具体的工作内容。正因为如此，我们也可以将其理解为一个工作环节，或一个流程环节。

比如，公司要发布一份通告，从起草开始到最后发布结束，这个过程就是一个完整的流程。这个流程可以分为起草、部门领导审稿、领导审稿、定稿、成文、发布等流程环节，每个环节就是一个节点。再比如，在销售费用预算上报审批的流程中，部门销售经理审核、销售总监审核等环节就是流程节点。

关于怎样识别流程节点，其实我们只需牢记一条：它是流程各环节之间的链接环节或交接点，在整个流程中起着承上启下的重要作用。如果忽视它，很容易导致流程环节之间无法顺利地过渡。

2. 规范流程节点

识别出流程节点后，管理者应该针对各个流程节点，明确规范其工作内容。以银行业务为例,客户去银行办理一张银行卡时,从最开始的取号,到最后办理业务结束,中间要经历如下环节,如图 4-1 所示:

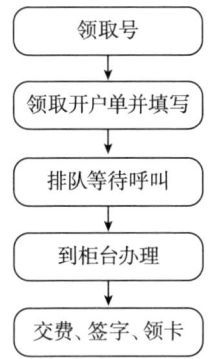

图 4-1 办理银行卡流程

对于这些流程节点,其各个具体的工作内容有哪些?企业应明确规范,让相关工作人员明白应该做什么,才符合流程节点的要求。

除了明确规定各流程节点的内容,还应明确各流程节点之间的沟通方式:是口头交接还是文字交接?一般来说,为了提高交接速度,应使用口头交接。但为了提高交接的质量,避免出现记忆错误或理解错误,用文字交接更加规范。而且一旦工作出了问题,也可以回追交接内容,看是交接方交接不到位,还是被交接方理解、执行有误,以便明确责任。

3. 检查流程节点

要想把控好流程节点,管理者应定期检查流程节点。检查节点就像是维修人员定期检查机器,往机器齿轮上滴润滑油。目的是润滑齿轮,减少齿轮交接时的摩擦系数,提高机器的运转效率。

管理者也应该像维修工一样,定期或不定期地检查流程节点,给企业流程的节点加"润滑油",清除流程交接点上的障碍,促使流程高效率运转。比如,检查项目从策划到执行中间的沟通节点,检查项目执行质量的控制节点,从中发现并解决节点上的问题,确保团队保持高效的执行力。

二、抓好决策、计划、执行三大节点

任何一个想法变成一个结果,期间都要经历决策、计划和执行三个环节。作为管理者,每天干的都是这三大块的工作。经常听到管理者抱怨员工难管、工作难做,其实是因为他们没有把控好这三个环节。把控好了这三个环节,就等于抓好了管理的三大节点(如图4-2所示),管理就会变成一件简单的事。接下来,我们就针对这三个节点展开,看看管理者在每个节点都需要做好哪些事情。

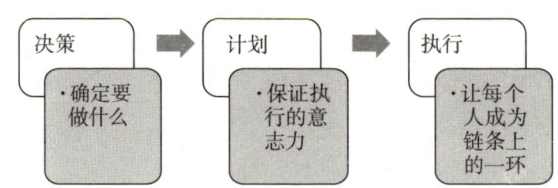

图4-2 抓好决策、计划、执行三大节点

1. 决策——确定要做什么

西方决策理论学派的代表人物赫伯特·西蒙认为:"管理就是决策,决策是管理的核心。"决策能力是管理者维持企业生存必备的、起码的素质，管理者决策水平的高低直接关系到企业的成败。据美国兰德咨询公司调查发现，世界上破产倒闭的大企业，85%是因决策失误造成的。

（1）避开决策误区。一般来说，管理者无法做出科学的决策，往往是因为他们陷入了以下几种误区：

误区一：维持现状

喜欢维持现状，试图寻找变化最小的决策，不想接受剧烈的变化是人的天性。在企业经营管理中，更严重的后果往往是针对做事而导致的过失，而不是针对不做事的懒惰。正因为如此，很多管理者不喜欢冒险做一些自己把握不大的决策，可这样也会错过很多机会。

误区二：乐观预估

有些管理者在做决策时，对决策的科学性过于乐观，表现为一种赌徒心理。正是这种乐观预估的心理，让他们认为某些事不会发生，某些事会发生。最明显的例子是，马云和任正非发表"过冬论"时，很多企业管理者嗤之以鼻，乐观地认为"过冬论"是不存在的。

误区三：冲动决策

冲动决策，俗称脑热型决策。陷入这种误区的管理者，也许一两天，甚至几分钟，就会做出一个关系企业命运的重大决策。冲动决策之所以不理智，是因为它没有建立在事实调查的基础之上，是一种极为盲目的行为。

误区四：团队迷失

在管理实践中，我发现越是凝聚力强的团队，越容易排斥不同的意见。这种团队就像只有油门、没有刹车的汽车，跑起来爆发力十足，但也很容易造成巨大的灾难。因为在集体决策过程中，各成员容易迷失在自己的观点中，而对他人的不同意见本能地抗拒。这会拉长集体决策的时间，导致团队错失一些有价值的观点。

误区五：优柔寡断

想明白了再做决心，看清楚了再做决定，这是一种理想的状态，在现实决策中却很难出现。当你想明白了，对手往往也看清楚了。机会与信息量往往成反比，信息量越充分，往往机会越少。因为谁都看到了机会，等于没有机会。

误区六：过度民主

有些企业强调民主决策，在观点不一的时候，会采取民主投票的方式，支持多数人赞同的观点。表面上看这是很民主，实际上并不能做出英明的决策。因为一个人做决策已经很复杂了，一群人做决策就更复杂了。因此，管理者应平衡好决策时的民主与专制，追求决策的效率和质量。

（2）走好决策三步。身为管理者，一定要设法避免以上六种误区。与此同时，可以坚持以下几步，以提升决策的质量。

第一步：收集事实

决策的前提是了解实际，因此收集事实是第一步。当你了解了事实，你才可以正确地做出判断。收集事实的方式很多，你可以用眼睛观察，也可以用嘴巴询问，还可以用问卷的方式了解。但是切忌不要以偏概全，尽量多收集事实样本，以便得到更准确的事实。

第二步：分析事实

当你把事实收集起来后，你对它做一个全面的分析。你可以从主观和客观方面，去分析找出事情的本质。也可以从宏观和微观方面去分析，找出造成事件发生的原因，思考采取什么样的措施去解决问题。

第三步：下定决心

在分析事实的基础上，你可以拿出几个不同的决策或方案，然后综合对比这些决策或方案的优劣，从中选择你认为最好的一个。一旦选择出来，就要下定决心，不要改来改去。

2. 计划——保证执行的意志力

"凡事预则立，不预则废"。这句话充分说明了计划的重要性。在做出决定之后，管理者应该马上列出行动计划。这份行动计划必须具备具体性、可行性、时限性，这样你才能让计划按照你设想的线路走下去，保证你完美地掌控执行。

福特汽车公司的创始人——亨利·福特，是20世纪最伟大的企业家之一。他既是发明家，也是机械天才，还是企业家。很多人说，发明家当不好企业家，但福特是个例外。因为他与很多发明家的区别是：他善于做计划。

福特曾说过："我总是以这样的方式去做事：在开始动手之前把每一个细节都计划好。否则，一个人在工作进行时却不断地做改变，直到最后还无法统一，那就会浪费大量的时间。这种浪费是不值得的。很多发明家的失败是因为他们分不清计划与实践的区别。"

我想说的是，想要成为一个优秀的管理者，首先你要学会做计划。一份好计划的作用是帮你的团队将意志力释放出来，让你的团队有信心将行动坚持到底。

不少老板生气地说，他们的决策在部门经理和基层员工执行的过程中，标准渐渐降低了，激情渐渐丧失了。刚开始做决策、布置任务时，大家还斗志昂扬，可半个月后，团队就死气沉沉。越到后面，员工的积极性越低，工作的标准越低，导致很多好的决策执行不下去。

为什么会出现这种情况？因为卓有成效的执行需要坚持到底的意志力，而计划是意志力最好的保障。如果你做计划了，决策还是执行不到位，要么是团队的毅力不够，要么是计划本身有问题。你必须确保计划里有清晰的执行步骤，让大家看到清晰的前景。好的计划需要具备以下特点：

（1）可行性。在做计划时，管理者不能追求"我的计划"，而应着力打造"可行计划"。可行，就是行得通，执行得下去，这就要求计划中的每一步工作，在当前资源的支持下是可以做好的。

（2）关注细节。有些计划不能坚持下去，导致好的决策以失败告终，是因为它没有关注细节。关于细节规划，你不妨看看乔布斯的故事。乔布斯在苹果产品的开发过程中，他对产品外形的要求极为苛刻，甚至超过了他对产品功能的重视。任何一个计划，只要你有了细节规划，在执行时就会节省大量的时间，提高执行的效率。

（3）备选方案。在你的计划中，应该有一两个备选的执行方案，这样一旦当前计划执行受阻，你可以马上换用备选方案。换言之，你的计划不是唯一的路线，你还得有两手准备。

3. 执行——让每个人成为链条上的一环

决策的执行，特别是重大决策的执行，都是需要团队协作才能完成的任务。在协同作战中，人人都应该有归属感，人人都要有战斗力，这样的团队才能成为一只紧握的拳头，把决策变为你想要的结果。因此，优秀的管理者会让每个人成为执行链条上的一环。

（1）工作性质定位：我们要干什么。在执行开始时，管理者应该对这次执行任务进行性质定位，清楚地告诉大家：这次我们要干什么。然后，再详细地规划工作的分工和不同环节的完成时间，制定工作进度表，让每个员工记住整个工作完成的流程，熟悉各自的任务。

在委派任务，给员工分配工作时，管理者务必对各个下属的能力了如指掌。我发现有些管理者最大的问题就在于不了解下属的能力，导致工作分工不合理。结果，下属完不成任务，管理者还很生气。回过头去想一想，如果调整一下任务分配，效果又如何呢？

（2）让员工明白自己工作的意义。管理者应该告诉大家：大家的工作没有孰轻孰重之分，人人都很重要。这样可以给大家充分的使命感，让每个人都为团队目标而努力。从这个意义来说，管理者既是制定作战计划的领袖，也是承担思想动员工作的指导员。扮演好这两个角色，员工的战斗力和意志力就会得到双重保障。

  最后,还有一个节点需要管理者抓好,那就是验收审核,即按照一定的标准对团队执行的任务进行逐项验收,看这项任务是否执行到位,是否达到了决策时的预期。如果执行结果没有达到预期,管理者还需反省总结,找出原因,想办法弥补,为今后确保任务执行到位提供借鉴。

三、用时间、质量控制来设计节点

很多管理者反映,把工作交给下属去执行,经常得不到想要的结果。"得不到想要的结果"可以分为以下两种情况:

第一种情况:下属执行的时间超出了管理者的预期。比如,管理者希望下属三天完成工作,但下属花了一个星期。执行时间太长,会打乱管理者的其他工作部署,这会影响管理者对团队的掌控力。

第二种情况:下属在规定的时间内完成了工作,但是完成的效果让管理者不满意。比如,管理者希望下属把工作做到90分,可下属只做到70分,这会影响管理者对执行效果的掌控力。

之所以出现以上两种情况,是因为管理者没有把控节点。没有节点控制,那么分配一项任务时,只有最后的结果。原本一天可以做完的工作,下属却花了两三天。而下属还不断地告诉你:这项工作有多难!与此同时,你在规定的时限内从下属那里得不到想要的结果,而等下属把结果给你时,你却发现这不是你想要的,但此时你已经无力改变它。

其实,要想避免以上两种情况,最好的办法是用时间和质量控制来设计节点，通过把控节点，来把控下属的执行质量，最终实现对团队的完美掌控。

1. 用时间来设计节点

所谓时间节点，指的是执行的某个阶段或某个里程碑的点，而这个阶段或这个里程碑之前的工作，必须在某个时间之前完成。所以，我们就可以根据工作的某些阶段或某些里程碑的点来设计时间节点。比如，某软件的调试工作要在某个时间完成，销售推广要在某个时间完成等，这都是时间节点。

假设你交代给下属一项工作，这项工作预计花三天时间完成，那么你可以给下属设定三个时间节点：一天为一个节点，每天下班前，要求下属向你汇报这一天的执行情况。当天发现了问题，马上就可以指出来，这样可以避免你对下属的执行过程失去掌控，避免下属执行跑偏，你也浑然不知。

用时间来设计节点，是最简单的设计节点的方式，以下两点可供参考：

（1）按照你希望的时间去设计节点。按时间设计节点没有固定的套路，你完全可以根据自己的喜好去设计节点，如果你不想让团队觉得你把控得太严，那你可以按年、按季度去设计节点，如果你害怕对团队执行力和执行结果失去掌控，你可以按月、按周，甚至可以按天设计时间节点。

（2）尊重下属的感受设计时间节点。在按时间设计节点时，如果节点之间的时间跨度过大，下属很容易失去压力感；如果节点之间的时间跨度过小，下属则会觉得被你死死盯着，会觉得压力过大。没有压力或压力过大，对执行都是不利的。因此，在设计时间节点时，最好和下属沟通，看大家觉得多大的时间跨度设计一个节点比较合适。

2. 用质量控制来设计节点

所谓质量控制，其实是指质量标准，比如，当工作达到了什么标准时，意味着它将进入到一个新的阶段。比如，团队研发项目中，当团队冒出多个新思维、新想法，并且这些想法经过集体讨论，形成了一个统一性、可操作的想法时，意味着研发取得了初步的成果。这就是一个节点。接下来，团队要把这个想法转化为行动，而一旦这个行动取得了成果，又是一个节点。

事实上，产品生产过程中，有很多节点就是用质量控制设计出来的。比如，当产品各元件质量合格时，就是一个节点；当各元件组装起来，并通过验收时，又是一个节点；当产品包装验收合格时，又是一个节点。

在用质量控制设计节点时，一定要有明确的质量控制标准。达到了什么样的质量标准，才达到了相应节点的要求。这绝不能靠感觉来判断，而要用明确的质量标准去检验。比如，研发团队把统一性、可操作的想法变为行动，且取得了成果时，在验收这个成果时，就要有非常明确的质量标准。只有当这个成果满足了这些标准，才意味着它达到了这个节点的要求。否则，要找出问题，继续完善，继续接受质量标准的检验。

四、对照目标与进度表来控制节点

在企业管理过程中,为了对下属的执行过程有一个较好的掌控,管理者最好的办法之一便是对照目标与进度去控制执行的节点,以达到追踪执行进度、了解执行阶段性的效果、及时发现问题并指正的目的。

很多优秀的管理者,在下达执行任务时,他们都会做这样两件事:

第一,把此次任务的目标告诉下属或团队,让大家明白执行这个任务究竟是为了什么。这样便于大家明确自己在这次任务中所扮演的角色和所发挥的重要性,还便于执行结束后,管理者对照这个目标,去验收审核任务的执行效果。

第二,给下属或团队一个执行进度表,上面清楚明白地列出:什么时间段内,完成什么样的目标任务。比如,某公司根据全年销售进度,安排了各产品的年度销售目标。管理者在下达任务时,可以和下属一起列出该项任务的大致计划和进度节点,每一个节点之前,工作要进展到什么程度。将大的任务细化下来,分成多个小的节点,这样执行者就知道自己做

到什么程度了，还要做多少努力可以完成整个计划。

松下幸之助就特别善于对照目标与进度表去控制节点，以把控团队的执行。在松下电器公司的发展历程中，松下幸之助提出过很多个"五年计划"。每次执行计划时，松下幸之助都会公布"五年计划"的目标和进度表。

以松下幸之助提出的第一个"五年计划"为例，当时他宣布：计划用五年的时间，把松下电器公司从一个效益为220亿日元的公司，发展成一个效益为800亿日元的公司。接着，他把这个大目标分解到每一年，于是公司就有了五个年度目标。之后，他再把年度目标分解为季度目标。于是，公司就有了20个季度目标，再将季度任务分解到各部门及各个员工，让每个人都清楚自己的任务。

事实上，这20个季度目标就是松下幸之助按照进度设计出来的节点。通过有效地把控这20个进度节点，可以准确地把控每个季度任务的执行力，最终有效地把控整个五年计划的执行力。

值得注意的是，用目标与进度表来控制节点，可以参考以下两点：

1. 将大目标分解为多个小目标

按照进度设计节点，适用于长期性、团队型的执行任务。比如，年度目标、"五年计划"等。由于执行时间长，期间变数多，要想有效地把控这样的大任务、大目标，最有效的办法是分解目标，设计进度节点。这样随着执行进展，员工会清楚自己的执行进程处在什么阶段，已经完成了多少任务，还有多少任务要完成。

对于有些团队型的目标，无法分解到个人，管理者应该以团队为单位，划分到月、周这样的时间段内。以月或周为一个时间节点，每到一个时间节点，就要对照目标与进度来自查，看目标完成得怎么样。如果目标未完成，应及时查找原因，找到解决办法，在下一个时间节点内，把上个时间节点未完成的目标补回来。

2. 针对各个节点设置奖励方式

如果在某个节点内,团队目标完成得理想,那么管理者可以肯定团队的努力,并设置适当的奖励。奖励的方式最好多样化一些,这样可以让员工选择奖励内容。或集体出游一次,或公司聚餐,或 KTV、集体狂欢,或获得一定数额的奖金。这样的奖励可以让员工产生一种持续的工作热情,从而促使他们更积极完成任务。

五、不断优化节点以提升流程运行效率

有个年轻人在美国某石油公司工作,负责巡视并确认石油罐盖是否自动焊接好。当石油罐在输送带上移动至旋转台上时,焊接剂便自动滴下,沿着盖子回转一周,作业就算结束。这种单调机械、枯燥乏味的作业并没有让他安于现状,而是促使他寻找乐趣和突破。

一次,他发现罐子旋转一次,焊接剂滴落39滴,焊接工作就结束了。他想,如果把什么地方改善一下,让焊接机少滴一两滴焊接剂,是不是能节省成本?经过一番研究,他终于研制出"38滴型"焊接机。

这次发明得到了公司的肯定。当这个焊接机投入到实际工作中后,每年给公司节省了5亿美元的利润。这个年轻人就是后来掌握全美石油业95%实权的"石油大王"洛克菲勒。

我讲这个例子,是想说明任何一项看似很简单的工作,都可以在流程节点上进行改善,以取得更佳的执行效率。有意识、主动地对流程节点进行优化,应该成为管理者的自我要求之一。

我的一位朋友在一家商贸公司担任后勤部主管,负责全公司的货物分

配工作。在工作中他发现公司的收货流程非常繁杂。从配送中心一直到上架，查收环节多达八次。按理来说，如此细致的查收，应该可以保证上架的货物的质量。但由于查收的经手人太多，反而出现货物短缺现象。到最后，货物损耗或丢失了，还找不到具体的负责人，公司不得不为货物的丢失或损耗买单。

针对这种情况，他向公司建议减少查收次数，把八次验收减少至三次。他认为，收货流程中的验收只需三次，第一次是配送中心初验，第二次是门店收货员复验，第三次是理货员上架时终验。

对于他的建议，公司多位高层领导表示反对，但是董事长经过慎重思考，认可了这个建议。董事长私下跟他谈话，鼓励他大胆地改革货物的验收次数。于是，他顶住了巨大的压力，实验了一套只有三次验货的流程。

一个月下来，人力资源部门的负责人当场算出了精简后的收货流程所节省的人工成本，一月节省9000元。从那以后，公司推广了三次验货的工作流程，为公司节省了大笔的开支，并提升了工作效率。

一项工作应分几个工作模块？它们的先后顺序是什么？工作节点有哪些？第一步做什么，第二步做什么，这些都可以固定下来，成为常规的工作流程。有了固定的工作流程，并不意味着一成不变，我们还应该在实践中对它不断优化。在这方面，著名的华为集团堪称典范。

借用华为新闻发言人傅军的说法，华为之所以从小农式作坊全部转变成规模化的运作，流程节点优化居功至伟。接下来，我们就以华为集团的流程节点优化为例，看看具体应该怎样去优化节点，以提高流程运转效率，如图4-3所示。

1. 精简冗余的节点

2009年，任正非发现一线员工的工作激情越来越低。经调查发现，是因为流程中过多的控制点阻碍了信息的上传下达，降低了工作效率，也磨灭了工作热情。任正非意识到，去除流程中的冗余节点，让工作流程的各

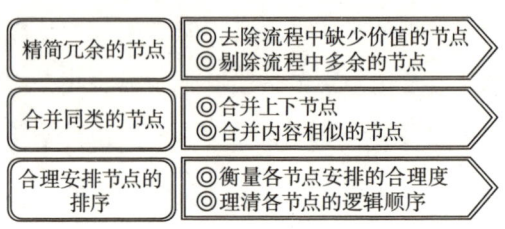

图4-3 优化节点的具体办法

个节点得到精简迫在眉睫。

（1）去除流程中缺少价值的节点。如果流程中各个节点结束后不能创造出预期的价值，那么，这个流程没有任何意义，只会消耗更多资源。只有删除那些冗余的流程，才能将有限的资源投入到其他流程中去，在总体上缩短流程周期。

（2）剔除流程中多余的节点。分析流程网络图，利用流程进行内部控制分析。即确定一个控制目标后，根据内部控制目标来确定关键的内部控制程序，再分析这些关键的控制程序，确定是否存在重复之处，是否存在优化的可能。一环扣一环地分析下来，冗余和重复的节点也就无处藏身了。

对流程进行内部控制分析时，流程设计者必须注意充分考虑企业的内部控制环境，如果你的企业内部控制风险相对较小，就适当减少控制程序。同时，注意测试流程的实际执行情况。比如，对于职责分离这样的控制程序，只有通过实地考察才能确定该程序是否得到贯彻。

2. 合并同类的节点

合并同类的节点也是优化节点的有效举措。在华为集团，如果当前的工作环节皆不能被取消，那么，管理者会考虑将工作内容相同或相似的工作节点合并起来。合并同类的节点一般包括以下两点：

（1）合并上下节点。所谓合并上下节点，指的是将一项任务的多个节点分别交给几位执行者，可以加快企业内部物流和信息流的速度。但是，从上一个节点到下一个节点的交接过程，也可能是一次发生错误的机会。所以，为避免出现交接时的失误，可将多个节点的工作任务交由一位执行者全权负责。如华为公司设有"个案员"或"个案经理"，负责一个产品或服务的全过程（从下订单到发货或服务开始至结束），有效提高工作效率。

（2）合并内容相似的节点。即将工作内容相同或相似的节点合并起来，由一位执行者来完成，以最大限度地减少人力和时间浪费。

3. 合理安排节点的排序

合理安排流程各节点的顺序，指的是理顺节点的逻辑关系，确保各个节点合理地衔接。对于这一点，主要包括两方面内容。

（1）衡量各节点安排的合理度。华为通过何人、何处、何时三个问题，确认流程中各个节点的安排是否合理；一经发现不合理之处，立即推倒重来，以使各个环节保持最佳的顺序，保证工作环节的有序性。

（2）理清各节点的逻辑顺序。一个工作流程中可能只有几个节点，也可能有数以百计的作业节点。如果对各节点排序不当，那将造成工作秩序的极大混乱，无形中延长作业时间。因此，管理者必须注意避免和调整出现等待或混乱的状态，具体方法是减少等待，了解各节点完成的时间，提前处理被等待的节点，保证各节点之间没有等待，直接进入下一节点。

第五章
授权的本质是用好关键的人才

没有授权，就没有管理。管理的本质就是授权，即做出决策，制定目标，量化指标，分配任务，权责到位，监督执行，评估执行效果。而授权的好坏，关键在于用对人。用对了人，人才的价值就可以得到最大发挥，有效掌控团队自然游刃有余。

一、忙死的领导 VS 闲死的下属

《圣经》中有这样一个故事：当年摩西带领犹太人走出埃及时，拥有一支几十万人的庞大队伍。为了保障族人的安全，确保号令的统一，摩西事必躬亲。从安排队伍的行进路线，到日程安排，再到族人内部的小争端，都由他亲自处理。虽然摩西大受族人的爱戴和尊敬，可是他自己却因过度劳累而日渐消瘦。

岳父叶忒罗察觉到了摩西的困惑，建议他把部族内部的小争端及一些基本的组织动员与号令发布之类的工作交给可靠精干的族人去处理，自己只负责事关本族前途命运的重大事项，从而减轻负担，提高工作效率。

摩西接受了叶忒罗的建议，他将几十万犹太人队伍按人口和姓氏分成多个分支，任命百夫长、千夫长分层次进行管理，自己专注于处理关系本族前途命运的重大事项。从此以后，整个队伍的指挥更灵活，号令传达更迅速，队伍更加团结，战斗力也更强大。

这个故事充分说明：一个领导者即使能力再强，也不可能把所有的事情做好。因此，必须学会授权。在现代企业管理中，有些管理者喜欢把大权攥在手里，让其成为目标不明确、作用力不显著的权力象征，而不是下属做事的权限和工具。结果，不但打击下属工作的积极性，让下属越来越闲，还会让管理者陷入无止境的忙碌。当管理者抱怨下属无能时，下属却满腹牢骚，心里在说管理者"累死活该"。

为什么会出现这种情况呢？我们不妨先来看一个场景：

下属："主管，下班了还不走呀？再不走，末班车都赶不上了。"

主管："月末了，销售统计报表还没做呢，上个季度的个人绩效考核还没汇总呢，我得加班把这些工作完成啊！"

下属："哦，那我先走了……"

主管："嗯，走吧！"

案例中的主管算得上是个任劳任怨、勤勤恳恳、事必躬亲的好管理者。可我真为他捏把汗，如果工作再多一点，他今晚还能回家吗？这位主管看似做了很多工作，但却不值得任何褒奖，因为那些工作原本可以交给下属去做，但由于他不懂得授权，结果让自己成为不停转动的陀螺。这就是不懂授权的管理者的可悲。

为什么很多管理者宁愿累死，也不愿意授权？究其原因，不外乎以下几点，如图5-1所示：

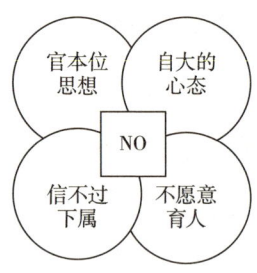

图5-1　管理者不愿意授权的四个原因

官本位思想——把权力视为权威的象征，害怕授权后自己的权力被削弱了。

自大的心态——认为"什么事情都不能没有我""公司离了我根本转不了",把自己看得太过重要,自然就容易产生包办思想。

信不过下属——只相信自己的办事能力,不信任下属的办事效果。

不愿意育人——不愿意在下属执行不到位时花时间指导下属,为免去麻烦,干脆自己做。

其实,授权给下属去做事,并不是把你的权力转移给下属,而是把原本属于下属的权力还给了他们。通过下属的职责细分、岗位细分,把权力细分下去,从而推动具体工作和职责的落实。目标明确了、工作具体了、任务细化了,下属的积极性和潜力就很容易被激发出来,同时管理者也会从繁杂的琐事中获得解放。

杰克·韦尔奇有句经典的名言:"管得少就是管得好。"乍一听让人感觉很诧异,管理者的权力被下属弱化了,自己几乎成了"甩手掌柜",这样还能把公司管好?但结合管理实践,深入细想:管得少并不是权力被弱化,而是把权力细分给下属,让下属做好该做的事情,这相当于效益管理,当然会收到事半功倍的效果。

那么,管理者怎样授权,才能告别忙碌和苦累呢?

1. 认清自己的本职工作

零售巨头沃尔玛公司创始人山姆·沃尔顿说过:"一名优秀的经理,最重要的一点就是懂得授权和放权。"他认为在管理中,领导者必须分清哪些是战略性的工作,哪些是战术性的工作;哪些工作应该自己做,哪些工作应该让下属去做。这样才能满足员工自我成长、获得成就的心理需求,同时为企业的发展增添动力。

对于管理者来说,最重要的工作就是做职责范围内的相关决策,包括定目标、设置量化的指标,同时还包括选人、用人、育人、留人以及团队氛围建设和激励人心。从这些要事上可以看出,管理者绝不是具体的任务执行者,而是战略的部署者和工作的安排者。除了本职的工作之外,其他工作都应该安排给下属去做。

有一次,金融大亨索罗斯出差回到办公室,刚坐下来,秘书就抱着一大叠文件过来让他签字。他翻了翻这些文件,发现只有几个非常重要,于是马上签了字。然后对秘书说:"部门的经理都在忙什么,让他们审阅和签字!"

秘书说:"经理们说他们拿不定主意,要你做决定!"

索罗斯说:"你去告诉他们,以后除了他们碰到了没办法解决的问题,否则不要来耽误我的时间!"

从此,秘书再也没有抱着成堆的文件来找索罗斯签字。

美国环美家具跨国集团的总裁莫若愚老先生,在近40年来的经商生涯中,没有亲手签过一张支票。他十分重视授权,他曾经幽默地说:"具体的事情,如果我做错了,连骂都没得骂,而让别人去做,我还可以保持骂的权力。"由此可见,授权不仅可以解放自己,还能激发员工的潜力,更是有效掌控团队的秘诀。

2. 授权要以信任为前提

既然授权给下属了,就要对下属有基本的信任。切勿疑神疑鬼,给下属被监视感。信任的表现在于,只告诉下属要把工作做到什么样的结果,而不要告诉下属具体怎么做。如果你把每一步骤的具体做法都告诉了下属,那下属的主动性就被压制了。当然,如果下属向你请教,你应该给他建议。

顺驰地产创始人孙宏斌是个传奇。有一次,顺驰公司参加石家庄某块土地的竞拍活动。随着竞拍的进展,各竞拍者的出价越来越高。当报价超过5亿元时,所有的竞标人员都拿起电话向公司领导请示,只有顺驰的项目负责人——28岁的小伙子纹丝不动。最终,顺驰以5.97亿元中标。

在场的人几乎不敢相信,这个小伙子能做这么重大的决策。但事后孙宏斌解释说:"他已经被授权了,当然可以决定职责范围内的任何事情。"

那么万一决策失误怎么办？孙宏斌说："那就算顺驰成长的成本吧，谁的工作没有失误？"孙宏斌的话充分体现了授权过程中对下属的信任。

除了授权时的信任，在下属执行任务的过程中，管理者还应适时对下属表达信任，以激励下属。有一次，松下幸之助在日本金泽开设办事处，并授权一个19岁的年轻人管理这个办事处。年轻人对自己能力不自信，感到诚惶诚恐。松下幸之助多次鼓励他说："你一定能做到的，我会支持你的。"后来，年轻人果然没有让松下幸之助失望。

3. 做个会放风筝的领导

授权要以信任为前提，但信任不等于放任不管。作为管理者，要想有效地控场，有效地掌控团队，就要做一个会放风筝的领导，懂得适时提拉手中的线，确保风筝在可控的范围内飞翔。

所谓适时提拉手中的线，寓意就是适当关注下属的执行情况，了解工作的进度。如果下属能力出色，任务执行得比较顺利，那么管理者可以适当松一点，让下属更自由地发挥。如果下属能力略差，任务暂时进展不顺，那么管理者就要适当紧一紧线，多过问几句，了解情况，及时指导下属，等工作步入正轨了，再放手让下属去自由发挥。这样才能确保下属的执行在你的有效掌控之中。

二、指定：根据任务选择授权给最佳人选

从前，有个国王养了一只聪明伶俐的猴子。这只猴子对国王忠心耿耿，每天都给国王制造乐子。国王觉得猴子比大臣、侍卫可靠，总是把它带在身边，就连宝剑都让猴子拿着。

一次国王出行，准备在行宫睡个午觉，就对猴子说："我睡一觉，你负责保护我！"猴子握着宝剑连连点头。国王睡着后，一只蜜蜂飞了过来，猴子马上跳了起来，追赶那只蜜蜂。可是蜜蜂一会儿飞得高，一会儿飞得低，猴子抓不到。突然，蜜蜂冲着国王的脑门飞过去，看那架势想必是准备攻击国王。猴子急了，拔出宝剑砍向蜜蜂，结果国王一声惨叫，倒在血泊中。

这个故事告诉我们：如果授权人选不合适，将会带来灾难性的结果。把任务和权力交给一只猴子，与把任务和权力交给一个糟糕的下属，在结果上也许没什么区别，都是执行不到位。面对这样的结果，我们不能苛责猴子或下属，而要质问管理者："你是怎么选择被授权者的？"

对于团队管理者来说，如果设定的工作任务总找不到合适的被授权

者，要么是团队人才匮乏到了严重的程度，要么是管理者的用人能力低到了可怕的程度。只要团队有一定能力水平的人员，挑选一个合适的被授权者并不难。

有技术特长的可以直接挂帅，有项目经验的可以扶植上马。在授权问题上，管理者要慎重考虑的是权责与被授权者能力的匹配度。要明确被授权者有没有能力把工作做到位，把责任履行好？确保任务和权力交给真正有能力，又有责任心的下属。

在选择被授权者时，要从多个视角去考虑人选，完成任务不能成为唯一的目的。如果在完成任务的同时，又可以训练下属的能力，达到育人的目的，或能够提高团队的合作性，达到增强团队凝聚力的作用，那么为何不把机会给更符合的人选呢？

对下属来说，唯一的目标是完成任务。对于管理者来说，授权只是管理团队、掌控团队的一种手段。因此，要尽量把授权的作用发挥到最大。

下面，让我们总结一下选择被授权者的方法，如图5-2所示：

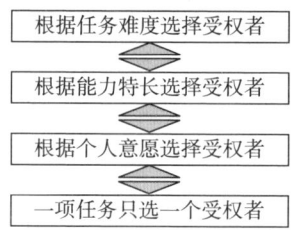

图5-2 选择受权者的方法

1. 根据任务难度选择受权者

工作任务难易程度不同，需要执行的时间长短不同，所选的受权者也应该不同。管理者需要对任务的难度和执行所花的时间有个清晰的把握，这样才能选择最适合的受权者。高难度的任务，可以交给经验老到、能力突出的下属；低难度的任务，可以交给能力一般、经验不足、急需练手的新人。

2. 根据能力特长选择受权者

对于能力较强的下属，管理者可以多授予一些任务和权力。这样既可以把事情办好，又能在解放自己的同时，有效地掌控团队。对于能力较弱的下属，不宜一次授予重任和重权，以免出现大的失误，造成事态失控。在这个原则下，管理者还可以根据具体的任务及下属的特长来选择受权者。在这一点上，有很多成功的案例。

在汽车行业，福特汽车赫赫有名。它的成功与亨利·福特的正确用人密不可分。他曾授权给沃尔·弗兰德斯，让他全权负责福特公司生产方式的改革。在弗兰德斯的出色表现下，福特公司实现了生产效率的大幅度提升。他还授权给技术员C. W. 艾夫利和威廉·克朗，让他们负责汽车组装，又取得了巨大成功。

有人曾问亨利·福特成功的秘诀是什么，福特的回答是："我的成功来自于正确用人。"他认为，如果能把工作交给正确的人，那么就能实现人才与企业之间的双赢。人才得到了发挥才能的平台，企业通过人才创造了价值。而对于管理者来说，把工作和权力交给正确的人，意味着有效地掌控团队。

员工擅长什么，你就把相应的工作交给他，再授予他相应的权力，让他充分发挥优势，完美地执行任务。这就是有效授权。对于喜欢社交，善于处理人际关系的下属，可以授权他们处理协调关系类的工作。比如，处理客户投诉、处理客户纠纷、负责对外联络等工作。对于性格内向，喜欢安静思考的下属，可以授权他们处理分析和研究类的工作。比如文案策划、创意设计等工作。

3. 根据个人意愿选择受权者

你将要委派的工作难度不大，并且你心中有了人选。可当你把工作告诉他，让他负责执行时，却发现他不太感兴趣，积极性不太高。在这种情况下，你是否还要坚持把工作委派给他，把权力授予给他呢？

我的建议是：如果在你的团队里，他是唯一符合条件的受权者，那你只能鼓励他接受任务；如果还有合适的人选，那你不妨换个人选。因为当一个人有能力、有经验但是意愿较低时，他未必会比能力欠缺、经验匮乏、但有心学习且跃跃欲试的人更适合。

当然，在换人选之前，你最好了解他不愿意接受任务的原因：是手头有较为重要且紧急的任务没处理好？还是身体状态欠佳？还是纯粹懒惰，不想接受挑战？针对具体原因，你应给予引导和激励，必要时给予鞭策，帮下属消除惰性，激起下属的挑战欲。

4. 一项任务只选一个受权者

在选择受权者时，管理者务必牢记一条原则：一次任务只选一个受权者。在授权时，如果你打算换个受权者，那你必须对当前的受权者说明情况。切勿含糊其辞，造成下属误解，导致重复授权。否则，很容易造成执行混乱，下属猜疑，影响下属的积极性，打击团队的凝聚力。这可不是优秀控场型管理者希望看到的结局。

三、委派：清楚地下达任务指令

亚里士多德说过："要想成功，首先要有一个明确的、现实的目标。"委派任务也是如此，你必须给受权者一个明确具体的任务目标，让下属清楚到底要做什么事，做出什么样的结果，什么时候完成这项任务。

在企业日常管理中，我们经常见到委派任务的两种方式：

第一种："小张，本年度你负责公司 A 产品的推广工作，公司会给你最大的支持。加油干吧，公司不会亏待你的！"

第二种："小李，本年度你负责公司 A 产品在 B 地区的推广，推广方案全权由你策划，然后你来安排人员执行，公司会在人员、经费和政策上给你支持，公司还会给你配车。希望你在年终能把 A 产品在 B 地区的市场占有率提升到 30%，同时确保利润率达到 25%。如果达到了这两个指标，公司会给你 10 万元的年终奖。这是具体的授权文书，里面有具体的权限和责任，你先仔细阅读，看有没有疑问！"

结果怎么样？小张被授权后，感到一片茫然，不知道工作的方向在哪里。小李被授权后，非常清楚自己的工作方向、目标和相关的权责。于是，他制定了一个推广计划，然后挑选人员组成推广团队，赶赴 B 地区做市场调研，根据调研结果制定推广方案……到了年终，他超额完成了任务指标，大受公司领导赞扬。

委派任务是有效授权的一个至关重要的环节。委派工作一定要确保指令清楚，而衡量指令清楚有三个关键，如图 5-3 所示：

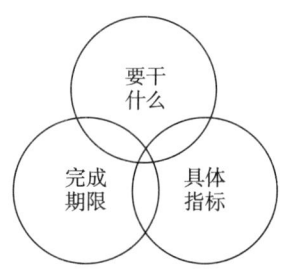

图 5-3 委派任务的三个关键

第一，讲清楚具体要干什么，让下属明白任务的具体内容。比如，在 B 地区做 A 产品推广。当下属明白任务的具体内容，他才知道应该做什么、怎么做。

第二，讲清楚任务指标，让下属明白工作要做出什么成果。比如，市场占有率提升到 30%，确保利润率达到 25%，这就是明确的指标。有了指标，下属才知道把工作做成什么样，才符合公司的期待效果。

第三，讲清楚任务完成时限，让下属清楚在什么时间内完成任务。比如，"本年度"、"年终"这就是任务完成时限。很多管理者把工作委派给下属后，不说明具体什么时间完成。结果，下属拖着不执行，或执行完了却不及时复命，这都会影响管理者整体的工作部署。

为了清楚地下达任务指令，管理者在委派任务时，最好做到以下几点：

1. 把授权内容记录下来

委派任务不能只用嘴巴说，还应该把委派的工作内容、任务指标、完成时限等关键点记录在纸上,交给下属。为什么要记录下来?很简单,因为你用嘴巴委派任务,下属听了一遍之后,很容易忘记。尤其是当你委派给下属的工作比较复杂时,下属仅靠大脑记忆是不容易的。为了避免遗忘,避免下属误解了工作内容,把授权内容记录下来是最保险的。

有些管理者在委派任务时,不自己动手把任务内容记录下来,而是要求下属带上纸和笔,把任务内容记下来,这样也未尝不可。但相对而言,管理者亲手记下任务内容,再交给下属,更能确保万无一失。

2. 向下属解释工作内容

委派工作的时候,管理者应该耐心地向下属解释工作内容,包括:

(1) 该任务具体要做什么、完成指标、完成期限;

(2) 该任务的重要性、紧迫性如何;

(3) 为什么要选派你去执行,你有哪些优势;

(4) 执行过程中,有什么要特别注意的;

(5) 执行过程中,遇到问题向谁汇报;

(6) 对下属有怎样的期望,肯定下属,鼓励下属。

如果管理者在委派工作时,能够做到以上六点,相信下属不仅清楚任务内容,还能从管理者的耐心交代中获得巨大的激励,从而有利于下属更积极地执行任务。

3. 让下属复述委派内容

很多管理者在委派任务后,习惯于问下属"你听懂了吗?""你听明白了?""你有什么不明白的地方吗?"通常,下属往往碍于面子,或避免引起上司的反感,会条件反射式地回答:"懂了!明白了!"一旦对话进行到这一步,那么即使下属事后有疑惑的地方,也不好意思向管理者请示。这样就容易造成下属误解管理者的指令,造成执行跑偏。

曾听到不少管理者抱怨说:"为什么我和下属辛辛苦苦讲了半天,下属好像也听懂了，可是他们做的事情效果与我想要的相差甚远呢？"这时我总是说："因为你以为下属听懂了你委派的任务，实际上他们没有听懂；下属们也以为自己听懂了你的意思，可实际上他们也没听懂。"

"怎样解决这个问题呢？"他们会立即问我。

"很简单，当你把工作委派给下属后，不要急着让下属离开，而要让下属复述委派的内容。这样你就可以根据下属的复述，判断下属是否有没听懂的地方，如果有，那你再强调一遍！"我总是轻描淡写地说。

要注意的是，当你让下属复述委派内容时，要重点听这样几项内容：

（1）这项工作具体要求是什么；

（2）要把这项工作做到什么效果；

（3）这项工作什么时候完成；

（4）做好这项工作，需要注意什么。

当下属能够准确地复述出以上四方面的内容时，说明下属真的明白了你所委派的工作，你就可以放心地让下属去执行了。

四、授责：明确告知授权责任

说到授权，管理者首先想到的肯定是把任务委派给下属，让其担负执行的责任。所谓责任，它有两种涵义，一是指做好分内之事；二是指没有做好分内之事应该承担的不利后果。很多管理者在给下属授权时，关于责任的授予只明确了第一种责任，而忽视了第二种责任。这样一来，下属可能不尽力去履行职责，因为就算没有完成任务，也不会受到惩罚。

法国管理学家H. 法约尔曾说过："凡权力行使的地方，就有责任。"没有责任去约束的权力，就可能成为滥权、特权。所以，授权要以授责为前提，授权的同时务必使下级明确自己的责任范围。

1. 向受权者交代清楚任务执行的具体内容

授权的时候，管理者应该清楚明白地向受权者交代清楚任务执行的具体内容，让受权者知道要做什么事，做成什么样的结果，并对整个执行过程负责。这个责任指的就是做好分内之事，即对执行的整个过程负责。

2. 让下属对结果负责，但不能要求负全责

经常听到管理者对下属说："交给你的任务，就是你的责任，你就要负责到底。"乍一听，好像是那么回事，这不就是授责吗？其实，细细思量，你会发现这样的授责会给下属造成心理压力。下属会想：万一我失败了呢？那我承担不起这个责任。这样下属可能会拒绝接受授权，或者带着压力去执行任务。

还有一种管理者，他们在授权时会对下属说："失败了算我的，你放心去干吧！"在这种授权方式下，下属不用对执行不力的结果承担责任，虽然免去了心理压力，但有可能导致下属放纵自己手中的权力，或不认真执行任务。

显然，以上两种授权都不利于任务的落实。那么，正确的授权应该是怎样的呢？应该让下属对执行结果承担责任，但又不是承担全责。这样既可以约束下属手中的权力，防止下属不负责任或滥用职权，又能促使下属尽职尽责地对待工作。比如，对下属说："你放手去干，如果失败了，我承担70%的责任，你承担30%的责任，我们一起来扛！"

如果管理者在给下属授责的同时，还能明确奖惩措施，那么对下属就更有激励性了。比如，你授权给下属负责某产品推广工作，并提出了明确的任务指标，如果达成目标，会有奖赏，如果没有达成目标，会有惩罚。这样下属肯定会努力去执行任务。

3. 运用承诺一致原理，激励下属兑现诺言

重要的事情如果有文字的记录或口头承诺，那么当事者会更加重视。对于授权，管理者就可以让下属做出承诺，必要时签署授权合同文书。这样可以显示授权的仪式感、正式感，引起下属的重视，又能保证事后按照承诺和授权文书来兑现奖惩措施。

在心理学上，有个著名的承诺一致原理，指的是当一个人做出了某种

承诺后，他就会自觉或不自觉地按照承诺来行事。在授权时，对于一项比较艰巨的任务，当你说服了下属接受任务后，你最好要求他在公开场合做出承诺。比如，在会议上作表态性发言，或在授权合同上签字、公开签订责任书等。这样一来，下属履行承诺的可能性就会大大增加，因为人们通常都会兑现他们写下的书面承诺。

　　需要特别强调的是，让下属做出承诺，一定是在下属自愿接受的前提之下，而不能是通过威胁、压服、强迫等手段，逼迫下属做出承诺。

五、授权：明确授权权限

不少管理者在授权时会陷入一个误区，就是只给下属相应的任务和责任，却不给下属相应的权力和权限。这种只授责不授权的做法，并不是授权，而是管控或叫推卸责任。

采购部的王经理让下属小赵去采购一批打印纸，但关于打印纸的价格范围没有交代，供应商的选择权、质量标准的界定权，也没有跟小赵说清楚。结果，小赵在采购的过程中，什么决定都做不了，什么都要向王经理汇报、请示。如果他不汇报、请示，而是自作主张，买了王经理不满意的打印纸，王经理则会让他承担责任。

委派工作给下属，让下属履行执行职责，必须给下属相应的权力。只分配了责任而没有授予权力，不利于激发下属的工作热情。试想一下，即使是处理职责范围内的问题，也需要不停地向管理者汇报、请示，这会不会让下属感到压抑呢？

授权是将责任和权力一起交给下属的，没有赋予权力的职责下属是没办法实现的。即使实现了，也往往不是管理者所需的。所以，在向下属分派了职责的同时，管理者应该就权力与下属沟通，让下属明白他拥有什么权限，权限的底线在哪。

1. 明确哪些权能授，哪些权不能授

作为管理者，在授权时，你必须首先明确哪些权能授，哪些权不能授。一般来说，涉及你的关键性职责的权力不能授给下属。比如，你是公司的总经理，关于公司战略决策方面的事务和权力，你就不能授予给下属。尤其是当你把关系到企业命脉的决策权授予给下属，而下属由于能力、格局所限，做出了错误的决策，那么对企业将是致命的。

毕业于美国普林斯顿大学计算机专业的刘英武博士，曾被宏基公司的老板施振荣任命为执行总裁。在IBM公司软件开发实验室电脑部担任主管长达20年的时间里，刘英武在美国电脑界拥有很高的声望。因此，施振荣对他信赖有加，声称他是宏基公司全球扩张的秘密武器，并把经营决策权毫无保留地授予给他。

上任后的刘英武把他从IBM带来的"中央集权"管理理念强行灌输到宏基公司。他频繁地召开马拉松式会议，并要求下属无条件服从。而对于下属的意见，他基本上采取无视的态度。宏基公司的一位经理回忆："刘英武强迫大家同意总裁的观点，与以往宏基公司的风格大为不同。施振荣从不会强迫你做任何事，除非你同意或愿意去做。"在这种情况下，宏基公司有不少人离开了。

更严重的是，刘英武做了很多收购决策，但几乎都以失败告终。他还从海外聘请了九名高级管理人员，给公司制造了大量的用人成本，而且造成了人心浮动……

这个案例涉及授权的多个关键问题，首先是管理者要明确什么权能授，什么权不能授。其次，授权对象的选择问题，应该选择与企业经营理念、管理哲学一致的受权者。

对于管理者来说，什么权能授？什么权不能授？虽然没有标准答案，但有一点是相通的，那就是原本属于你本职的职务和权限，你不能随便授予给下属。

2. 跟受权者交代权力的底线

一位从事出口业务的朋友，前几年很多业务都是他亲自操作的。后来公司壮大了，客户太多了，他忙不过来。所以，不得不授权给下属去负责。但后来，他发现有些下属用他公司的客户自己开公司。这个非常容易，因为他的产品属于大众商品，谁都可以拿到货。

后来，朋友改变了授权方法。在授权给下属时，明确了权力的底线，那就是不得从信息部了解客户的姓名、地址和联系方式。这一点在以前的授权中，从来没有跟受权者明确。

与此同时，为了防止客户信息泄露，朋友还跟信息部负责人约法三章：必须严格保密客户信息，一旦泄露，将严惩。通过双管齐下的策略，朋友很好地控制了下属越权的行为，重新拿回了对公司及客户信息的掌控权。

有些受权者在获得授权后，可能会自作主张，甚至做出一些越权的事情。因此，管理者最好在授权时跟受权者交代清楚，明确告知受权者：你的权力底限在哪里、绝对不能做越权的事。如果受权者有越权行为，将承担相应的责任和后果。这样才能有效地避免受权者失去你的控制，造成团队陷入被动局面。

3. 确保授予给下属的权与责对等

授予权力时，还应确保权与责对等。既不能权力太大，责任太小；也不能权力太小，责任太大。因为前者会导致下属大权在握，可能会随心所欲，为所欲为；后者则会导致下属权力不够，有些工作不便于开展。

以权力太小，责任太大为例，下属在这种情况下执行会遇到一些麻烦。特别是当下属的工作繁琐要与多个部门打交道，常常需要灵活行事

时，手握多一些权力，可以提高办事效率，让他的行动更加变通。否则，遇到稍大一些问题，他就必须向上司汇报、请示。这样会严重制约下属的能力发挥，打击下属的工作热情。

4. 明确告知下属所获得的支持措施

在授权的时候，管理者还应告知下属，当他们有问题时，可以向谁汇报、向谁求助，并且提供相应的工具。比如，给下属一个电话专线，有问题随时打电话汇报情况、请求帮助。为什么要设置电话专线呢？一方面显示了对工作的重视，一方面能够避免紧急情况下，管理者的电话被占线或关机，不能及时了解情况、做出回应。

"马建，你们报上来的合同我看了。价格下调了58万，比原来的1200万整整下调了3.5%，怎么没有事先向我汇报？这个单子是谁做的？公司的规定你们不清楚吗？"电话里，总经理对营销部经理一番厉声质问。

"总经理，这个事情我也正想向你汇报。签合同前一个小时，我多次拨打你的电话，可就是联系不上你。因为我得知竞争对手开出的价格比我们低3%，我想着1000多万大单子，必须给拿下，所以就擅自做了决定，把价格下调了3.5%……"

营销部经理擅自把价格下调了3.5%是一种越权行为，之所以会出现这种行为，与他当时联系不上总经理有直接关系。通过这个案例，我们可以认识到：对于重要的授权，有必要开通电话专线，也许开通之后，用的并不多。但如果不开通，也许只因一通电话，就可能影响一笔重要的业务。

六、控制：授权后还需定期接受汇报

管理者所拥有的权力就像抓在手里的沙子，如果你用力攥紧它，它反而会从你指缝中溜走，造成团队缺乏民主氛围，压抑下属的工作热情。如果你完全放松它，它又会被风吹走，造成团队陷入混乱，失去控制。所以，授权是一门艺术，不能缺少监督和控制。

老丁是我一位同学，几年前创办了一家公司，由于经营得当，公司很快就发展壮大起来，还有五家分店。很快，他就感到力不从心，无法管理五家分店。为了让自己从日常管理中解脱出来，他把亲戚招入了公司，让他们各管一家分店。

开始的时候，他手把手地培训这些亲戚，等他们上手之后，他就开始完全放权，让他们全权负责店面的日常经营和管理。期间，他几乎不过问分店的营业情况，也不要求各个亲戚向他汇报工作，更没有走下去检查工作。他觉得都是至亲的人，大家应该相互信任，没必要去监督和检查，他相信大家会用心管好分店。

然而，到了年底，老丁把几个亲戚召集起来，进行业绩核算时，才发

现严重的问题。哥哥管理的分店居然赔了30万;姐姐管理的分店账目上清楚地表明盈利了20万,但账户上却只有10万多元资金;表哥管理的分店很多不明资金流出……最终的结果是,老丁赔了100多万元。面对这一结果,老丁质问各位亲戚,可他们百般狡辩,就是说不出个所以然。

  这个案例中的结果,就是因为授权缺少控制造成的。可见,授权的同时不能没有监管,否则,授权就很容易导致企业失控。IBM前总裁郭士纳说过:"员工不会做你希望的,只会做你监督和检查的。"这句话道出了监管的必要性,唯有监管才能有效掌控工作的落实,从而预防企业失去控制。

  虽然我们一再强调,授权的核心是让下属感觉自己才是这项工作的主人,但这并不等于撒手不管,任由下属想怎么做就怎么做。授权的关键是通过适当的管控,控制好执行的大方向,而不是要求下属事无巨细地汇报,或时不时监视下属的执行。

  作为管理者,要明确的是:关注下属的工作进展,是为了在发现不对劲的苗头时,及时地干预,帮下属纠正错误。或在发现下属工作偏离你的预期时,及时采取补救措施,避免任务的执行在错误的路上走得太远。由此可见,授权后的监管意义多么重大。

  那么,管理者如何去监管下属,才不至于造成下属的工作自主性受到制约呢?

1. 扶上马,送一程

  有些管理者经常感叹:任务布置下去之后,下属拖着不办,管理者推一推,下属动一动。出现这种现象,问题不在下属,往往是因为管理者监管不力。如果管理者在布置任务之后,提出具体的要求、完成期限,并有定期的监管,就可以消除下属的拖延心理。

  高明的管理者,在授权之后懂得在恰当的时刻,了解任务执行的进程。当他们发现下属执行跑偏时,会及时把下属拉回到正确的执行方向上来。形象地说，就叫"扶上马，送一程"。通过"送一程"，确保受权者在执行中做正确的事。

2. 60%放手，40%管控

授权之后，既不能放任不管，又不能什么都管。到底怎样监管才合适，很多管理者并不能拿捏好分寸，让下属感觉不被信任，积极性受到影响。

一位被派驻在北欧市场的高级销售主管表示："老板很'关心'我，经常派人来视察工作，而派来的人，每次都要召开工作通报会议，并让我们汇报业务发展的近况，那种威风凛凛的样子，就像古代皇帝派下去视察工作的钦差大臣，就差八抬大轿、敲锣打鼓、前簇后拥了。"

从这位经理的话中，可以感受到他对管理者监管的反感。这种反感是管理者的监管过度和监督方式不当造成的。

那么，到底该检查到什么程度，监督到什么程度才合适呢？对于这个问题，松下幸之助有独特的见解，他有一条著名的授权监督理论，叫60%智慧，即60%放手，40%监管。他认为这样的监管力度既有利于掌控全局，又不会制约下属的主动性。

具体来说，40%的监管表现为工作进行到关键阶段时，管理者要主动过问情况，或者事先与下属沟通好，让下属在工作进行到某些关键阶段，主动汇报工作情况。比如，一项工作委派下去后，管理者应该对以下几个环节做好把控：

（1）计划阶段——了解下属的工作计划；

（2）执行阶段——初级阶段，了解工作开局是否顺利；中级阶段，了解工作中期进展情况；

（3）收尾阶段——了解工作收尾情况；

（4）特殊情况——了解下属执行任务时所遇到的特殊困难，尤其是下属搞不定的困难，应鼓励下属及时沟通，共同商量解决对策。

对于以上四点，管理者应该引起重视，无论是主动过问，还是被动接受汇报，都是监督的一种有效方式。但更重要的是，管理者应适当地走进执行现场，亲自了解执行情况，而不只是用嘴巴过问，用耳朵听汇报，因为亲眼所见的才是最真实的。这样可以有效地防止下属报喜不报忧，防止管理者失察，导致任务的执行失去控制。

七、评估：终止授权并评估授权效果

不少管理者认为，当委派给下属的任务结束时，就意味着授权自动终止，授予出去的权力自动收回。所以，他们不会在公众面前或实际行动上做出终止授权的表示。这就很容易造成下属认为授权尚未结束，手中尚有相关的权限。在这种情况下，下属可能陷入观望状态，或继续行使权力。

关于收权，古代帝王就做得很好。比如，两国开战了，国君就会授予某位将军为统帅，负责对外迎战，并授予兵符。有了兵符，统帅才有调兵遣将的权力。当战事结束后，国君会在朝堂之上，当众收回兵符，以示授权终止。

在收权之后，国君还会当着文武百官的面，对此次战事进行点评。这就相当于评估授权效果。比如，战争中打了哪几次漂亮的胜仗，又有哪几次失利，损失了多少人马，斩杀了多少敌军。最终，这一战事取得了什么样的效果，产生了什么样的意义等，都是战后评估的重要内容。

作为管理者，完全可以参考古代帝王的收权与授权评估，从而为企业

管理中的收权与授权评估提供帮助。下面，我们就来看看，管理者应该如何终止授权，又如何对授权效果进行评估。

1. 明确终止授权，收回权力

当一次任务结束时，管理者要明确地终止授权，收回权力，才不会造成管理上的混乱。那么，如何收权，才不会引起受权者的反感呢？

（1）先暗示下属，打个预防针。高明的管理者在打算收权时，会先给下属一些暗示，给下属打个预防针，避免正式收权时让下属感到突然，引起下属的不满。比如，"这项工作即将结束，你处理一下收尾工作，就来我这里交接工作吧！我还有新的工作安排给你！"下属一听就明白了管理者的意思，知道工作收尾后，就意味着授权结束了。

（2）收权时要肯定下属的表现。楚汉争霸时，刘邦拜韩信为大将军，让韩信手握数十万重兵，而且这支兵力长期远离大本营。这让刘邦感到压力很大。到了灭楚前夕，韩信所掌握的兵力足以和刘邦、项羽分庭抗礼。如果这个时候韩信背叛，那么刘邦的下场可想而知，可偏偏这个时候，刘邦还敢授权给韩信。

当然，在授权的同时，刘邦也经常思考如何有效地控制韩信，以免韩信背叛自己。为此，他用的最多的一招就是：每次韩信完成了一次军事任务，刘邦就收回韩信的兵权。而且伴随着收权，刘邦会给韩信爵位的升迁或其他奖励，以免收权引起韩信的不满，也很好地制约了韩信。

作为企业管理者，可以借鉴刘邦在终止授权时的做法。虽然管理者不同于君王，不能随便提拔下属，而要考虑全局。但管理者可以肯定下属的付出，赞扬下属的表现。比如，"这次任务执行得非常圆满，辛苦了。从现在开始，这项任务就告一段落了，你可以回到你的本职岗位上去了。"这就是一次不露痕迹的收权，不会引起下属反感。

2. 认真评估任务完成的效果

当一次授权结束时，管理者除了要让下属有一个授权终止的概念，还要对所授权的任务执行效果进行评估。不管任务执行效果如何，都必须给下属一个合理的评估。评估的结果不是最重要的，关键是通过这种方式，对授权进行一次认真总结，以便下次授权时能够做得更好。

（1）授权评估由管理者与受权者共同完成。授权评估不是管理者一个人的工作，而是由管理者与受权者共同完成的。管理者可以让受权者先对此次任务的执行效果进行总结，再针对其总结做出评估。评估的时候，要做到客观公正，切勿过于主观，对下属造成不满。也不能流于形式，满足于走过场。

（2）用发展的眼光看待受权者的执行效果。在评估授权效果时，管理者要用发展的眼光看待下属，要对比前一次授权时的任务执行效果，来看这一次的任务执行效果。如果在业绩和效率上都有进步，那说明这次任务执行是有进步的。如果二者都没有明显改观，甚至下降了，说明下属执行得不够理想。这时管理者应向下属了解原因，反省问题出在了哪里，以便于下一次执行任务时有效地避免。

第六章

精准沟通力就是思想驾驭力

松下幸之助曾说:"企业管理过去是沟通,现在是沟通,未来还是沟通。"沟通如同企业的血管,贯穿于企业运营的每一个环节。任何支流堵塞,都可能引起整体瘫痪。可以说,提升沟通力就是提升领导力,就是提升对团队的控场力。

一、高明的管理者都是演说家

奥巴马在第二次竞选美国总统时,他的竞争对手希拉里说他是一个精彩的演说家,但仅此而已。对此,奥巴马做出了非常精彩的回击,"历史上那些著名的演说,如马丁·路德·金的《我有一个梦》,仅仅是演说吗?林肯总统葛底斯堡的演说《人人生而平等》,仅仅是演说吗?罗斯福总统说《唯一的恐惧就是恐惧本身》,这仅仅是演说吗?"

奥巴马说,演说是行动的号角,是行动的前奏,是行动取得成效必不可少的催化剂。他说,如果国家领袖不能激励人民去相信,那么计划和政策也没有意义。所以,不要说演说没有用。最后,奥巴马赢得了第二次总统竞选。

中国的语言博大精深,自古以来就有"不战而屈人之兵"的说法,历史上有许多名人,靠演说成就了一世英名。对于现代企业管理者来说,演说同样有着惊人的力量,演说可以感染团队,可以说服下属,可以激励人心。通过演说,管理者可以将大家的思想统一起来,从而牢牢掌控团队。

加拿大管理学大师亨利·明茨伯格认为,管理者大量的时间花费在沟通上,因此良好的演讲能力,有助于管理者表达观点,赢得认同,从而有效领导与执行。事实就是如此,那些高明的管理者,往往都是优秀的演说家。

我们经常看到马云、雷军、罗永浩、俞敏洪等著名企业家的精彩演说,通过演说他们的领袖气质和控场能力得以展现。也许他们的口才不是一流的,但是他们的演说却可以打动人心、驾驭听众。那么,他们到底有怎样的演说技巧呢?接下来,我们就通过乔布斯的精彩演讲来学习如何提升你的演说水平,如图6-1所示:

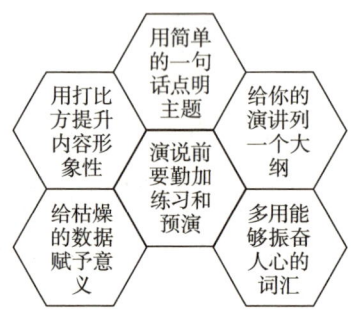

图6-1 精彩演说的技巧

1. 用简单的一句话点明主题

很多人在演讲时只是简单地传达信息,但乔布斯的演讲却能点燃听众的激情。"欢迎来到2008苹果大会,今天要给大家带来非同凡响的新产品。有没有感受到它们的'小宇宙'就要爆炸了?"这就是乔布斯的开场白,寥寥数语,就揭示了大会主题,营造出了Mac book air的发布会气氛。用简单的一句话点明主题,是乔布斯演讲时的常用手法。

2. 给你的演讲列一个大纲

"今天,我有四项成果要与大家分享。"一旦确定了演讲主题,整个演讲就要清晰地围绕这个主题来展开。这时乔布斯会先给听众列出一个大纲,明确告诉大家主题下有几个主要内容,每个内容何时开始,何时结束。例如,"Time Capsule 完美的系统伴侣,这是我要发布的第一款产品。"

为了防止听众半路跟丢,列大纲是一个不错的选择。它就像路标一样指引着听众紧跟你的步伐。

3. 多用能够振奋人心的词汇

在乔布斯的演讲中,我们还会听到这样一些词,如"非同凡响""华丽丽""酷毙了"。这些词汇充分展现了他的兴奋与激动。例如,"对于苹果来说,这是难以想象、非同凡响的一年!"

好的演讲应该振奋人心,而不是催人入睡。可是,如果你在那里玩深沉,听众又怎么可能会激情四射?因此,请放弃枯燥、乏味的词汇,多用听众爱听的、有趣的、能够展现激情的词汇。

4. 给枯燥的数据赋予意义

如果要引用数据,请赋予它意义吧!

"迄今为止,我们一共销售出了 400 万部 iphone,用 400 万除以 200 天,意味着我们平均每天卖出了 2 万部 iphone!"数字本身没有意义,除非放入特殊的语境。

5. 用打比方提升内容形象性

对于枯燥的数字,听众可能不理解其概念,这时你可以通过打比方的表达方式来提升演说内容的形象性、生动性。

"最近,我和一个公司合作,这个公司刚刚推出了新的 24G 内存卡,"很多人不知道 24G 内存是什么概念,所以,你必须给这个数字包装一下。"24G 的存储量,足够让你听着音乐在地球和月球之间兜上两圈。"这一下听众马上有了概念。

6. 演说前要勤加练习和预演

乔布斯在演讲方面虽然天赋异禀,但他却有不为人知的秘密:每一次完美的演示的背后都有无数次的练习与预演。乔布斯把每一次演讲都当成"产品"去打造,去创新。所以,他能够赋予演讲一个震撼的开场,一个高潮迭起的过程,和一个令人流连的尾声。

团队领导力

二、讲道理的人永远赢不了讲故事的人

我的一位客户是西北地区一家大公司的总裁，他曾经深陷苦恼。他对我说："我的员工总是不听话。每当我和他们说工作的时候，他们总是'假装'在听，但错误还是接二连三地犯。"

"你怎么知道他们是'假装'在听？"我反问道。

"我能感觉到，他们不是目光呆滞，就是左顾右盼。我越是大声，他们越是反应冷淡。"他生气地说。

"我想，这与你声音大小没什么关系，可能是你讲的内容他们不爱听，或你说话的方式他们不喜欢。"我知道他是一位很严厉的老总，说什么都一本正经，而且动不动就讲道理，"你只需要做到三点，就会有很大改观。"

"请问，是哪三点？"

"第一，降低音量，并保持微笑。这样员工在心理上就会放下对你的抵触。"我很直接地告诉他，很大程度上，高高在上的老板形象会让下属产生惧怕的心理，"第二，适当开开玩笑，交流时的气氛很重要。"

第六章 精准沟通力就是思想驾驭力

他似懂非懂地点了点头。

"第三,把你想要讲的重点融入到故事中,学会跟员工讲故事,而不要讲道理。"我笑着说,"试着照我说的三点去做,你就会看到效果。"

过了一段时间,客户专程来拜访我,握着我的手说:"真是太神奇了,我发现员工现在很喜欢听我讲话。我感觉自己不光像个老板,还像一个演说家,现在他们很听我的话。"

想让员工听你的话并不难,只要你改变爱讲道理的习惯,学会跟他们讲故事。你就会发现,员工会按你说的去做。这就是讲故事的魅力,它比讲道理更能打动员工。

一个讲道理的管理者永远赢不了一个讲故事的管理者。为什么这么说呢?因为每个人都有固定的思维模式和看问题的立场,你跟他讲道理,只是站在你的角度跟他讲道理,他怎么可能认同你呢?而且道理谁都懂,你讲来讲去,下属很容易产生反感。所以,管理者要学会讲故事,用故事传达信息,用故事说明道理,用故事说服人心、掌控团队。

知名企业家罗永浩说过:"为什么有这么多人喜欢看我们的发布会、关注度这么高?无非就是故事讲得好。"资深媒体人罗振宇也说过类似的话:"不管是日常社交还是职场,做营销还是做管理,只要你想影响其他人,那讲故事的能力就是你不能缺的核心能力,而很多朋友偏偏缺的就是这个。"

讲故事不仅是一种技巧,更是一种思维方式,借助故事可以更有效地激励、说服与影响他人。事实上,真正优秀的领导者,是不会和员工讲道理的,而是和员工讲故事,通过讲故事,来表达一种观点,引起员工思考和认同。

1. 学会讲三种故事

要想讲话有说服力,你可以考虑讲这三种故事:

(1)自己的故事。与演讲主题有关系的任何关于你的故事,哪怕只是稍微有点关系，你也可以通过自己的故事转入正题。没什么演讲技巧是万能的，但是讲一个关于自己的故事接近万能，它能让听众感受到你的真诚。管理者更应该讲自己的故事，这样才能激励团队。

（2）别人的故事。如果你找不到与演说主题相关的自己的故事，那你只能讲别人的故事。这个"别人"最好是你身边的亲戚、朋友等比较熟悉的人，这样更能体现出故事的真实性。

（3）某个品牌或者产品的故事。这类故事对演说者的要求比较高，它必须是一个有关成功或失败的故事。通过这个故事，能够让员工从中学到一些东西，能带给员工一些启发，对员工有所帮助。

2. 好故事的三要素

什么样的故事才叫好故事？它必须符合以下三个要素（如图6-3所示），或符合其中一两条。

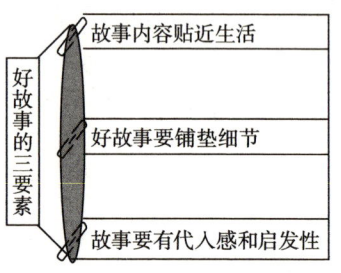

图6-3　好故事的三要素

（1）故事内容贴近生活。好故事应该贴近生活，是大家都熟悉的。比如，你讲有关美食的故事，就不要讲米其林餐厅，而要从大众餐厅入手。因为大多数人都有去趣餐厅吃饭的经历，但真正去米其林餐厅的人并不那么多。

（2）好故事要铺垫细节。故事以情节为重，而情节的陈述离不开细节的铺垫。没有细节铺垫，你永远讲不出好故事。细节的铺垫要耐心，否则，故事也不会有影响力。比如，时间、地点、人物、背景等，是故事的必备要素,细节越精致,故事越动听。

(3) 故事要有代入感和启发性。好故事要能唤起听众内心的各种感觉,能调动他们的情绪。这就要求它必须有较强的代入感和启发性。在这一点上,我们不妨向经济学家史蒂芬·列维特学习。列维特曾在一次演说中讲到他的数学成绩非常糟糕,与同学的差距太大,根本不可能赶上。就在他考虑应该怎么办时,他想起了父亲跟他讲的一个故事:

"父亲当时在上医学院,他的导师并不看重他。显然,他的天资也并不是那么出众。我的祖母对父亲说:'你在医学研究方面并没有什么天赋。你有两条路可以走。你可以选择最热门的领域进行研究,努力和人们一较高下,或者,你可以选择一个无人涉足的领域,然后独领风骚。'于是,他就选择专修'肠道气体'。实际上,他最终成了知名的'屁之王'。我用心记下了他说的话,然后寻找着属于自己的位置。《魔鬼经济学》之于传统经济学,就像是'肠道气体'之于传统医学一样。"

在这个故事中,列维特先是回忆了高中数学成绩,唤起了听众们上学的经历,因为大家都有上学的经历。这就是故事的代入感。接着,通过父亲的故事,有效地启发听众研究自己感兴趣的领域。而且他将父亲描述为"屁之王",充分勾起了听众内心的童趣。

3. 传达激情的技巧

怎样讲故事才能传达激情,让听众感到振奋呢?下面有两个最基本的技巧:

(1) 手势引导想象。语言是刺激听众听觉的工具,手势是刺激听众视觉的工具,视听结合,效果更佳。讲故事时运用手势可以引导听众发挥想象力,在听众的大脑中补全一幅完整的画面,从而制造故事的画面感。比如,讲到振奋的时候握拳呐喊,讲到低沉时叹息摆手,这些都能传达你的真实情感,还原故事的现场感。

(2) 表情传递情感。人的面部表情丰富多样,不同的表情传达不同的情感，这比任何形式的语言传达都要更真实、更深刻。语言可以作假，但表情难以作假。当你讲到挫败的故事时，你的表情自然而然变得失落，这种表情更能传递真实情感，更能打动人。再比如，你想表达沉默，只要露出惊讶的表情，张开嘴，摊开手，就能准确地传情达意了。

三、引导式沟通充分调动对方的情绪

作为一名合格的团队管理者，当你觉得下属的某些态度、行为、工作方法不好时，你肯定会想着去改变下属，纠正下属。但采用何种方法去纠正下属，考验着一个管理者的沟通艺术和管理智慧。有些管理者会直接指出下属的不足，要求下属做出改变，这种做法往往不能奏效，因为它带有强迫性的味道。

优秀的管理者明白，下属是一个个体，有不同的个性和想法，真正能够决定下属怎么想问题、怎么做事情的是他们自己。所以，他们不会控制下属去做什么，而是想办法引导下属去做什么。在与下属沟通时，他们善于运用引导式沟通，充分调动对方的情绪，让对方跟着自己的思路走，最终接受自己的影响和说服。

引导式沟通可以避免简单生硬地给下属提要求，避免引起下属的逆反和不满，从而更顺利地传达自己的思想和指令，使下属认真地贯彻落实各项决策，最终实现对团队的有效管理和掌控。

有一家公司经营状况一直不错，每年春节前夕都会给员工发三个月的工资作为年终奖。但是有一年受经济形势不景气的影响，公司的盈利大幅度下滑。因此，这一年的年终奖勉强能发一个月的工资。但公司老板认为，如果直接宣布这个消息，员工很可能产生不满情绪，影响工作积极性。

认真思虑一番后，老板对人力资源部放出风声说，今年公司效益不好，年底可能考虑裁员，以缩减经营成本。这个消息传出后，公司上下充满了担忧，人心惶惶。不久，老板召开全体员工大会，大家都以为是公布裁员消息的，个个忧心忡忡。

谁知，老板对大家说："大家都知道，今年全球经济都不景气，我们公司的盈利也大幅度下滑了。前不久，公司传出了裁员的消息，我理解，这是大家的担忧。今天，我要郑重地告诉大家：虽然公司目前遇到了困难，但公司绝不会放弃任何一个勤奋的员工，裁员是不会在我们公司发生的。"

听了这话，会场响起了一阵热烈的掌声，大家一颗悬着的心都放下来了。

接着，老板说："虽然公司盈利大幅下滑，但该给员工的年终奖，公司还是会给的。只是今年的年终奖，比往年少一些，只能发出一个月的工资作为年终奖。"

此话一出，会场再次爆发出热烈的掌声。因为大家一直以为公司会裁员，根本不敢奢望年终奖，没想到居然还有一个月的工资作为年终奖，这完全算得上是意外的惊喜。

在这个案例中，公司老板充分发挥了引导式沟通的魔力。通过先期故意放出裁员的风声来制造危机感，然后再一次又一次地"抖包袱"，轻松驾驭了员工的心理，完美地掌控了盈利大幅下滑的公司，掌控了对年终奖抱有往年那种期待的团队人心。

通过以上两个案例，我们可以充分认识引导式沟通的魅力。那么，具体该怎样运用这种沟通方式呢？

1. 指出下属的优点、特点，加以真诚的赞美

心理学家发现，人们喜欢那些喜欢他们的人，厌恶那些厌恶他们的人。当听到别人赞美自己时，人们自然会对赞美者产生好感，即使那些溢美之词有些过头。更具有杀伤力的是，当赞美之词从上司的口中说出，对下属更是高度的肯定，会极大地增强下属的信心，增强下属对上司的好感，并心甘情愿地按照上司的意愿行事。

一天，一名员工闯进了IBM公司总裁沃森的办公室，大声嚷嚷道："我还有什么盼头！销售总经理的差事丢了，现在干着因人设事的闲差，还有什么意思？"

闯入者名叫伯肯斯托克，是IBM公司"未来需求部"的负责人。他是刚去世不久的IBM公司第二把手柯克的好友。而柯克生前与沃森是对头，所以伯肯斯托克认为柯克死后，沃森肯定会"收拾"他。因此，他决定破罐子破摔，打算辞职不干。

面对故意找茬的伯肯斯托克，沃森一开口就赞美道："其实我一直认为你是个难得的人才，甚至比刚去世的柯克还精明。"这句话充分调动了伯肯斯托克的情绪，让沃森赢得了他的好感。

接着，沃森对伯肯斯托克说："如果你真行，那么，不仅在柯克手下，在我手下也能成功。如果你认为我不公平，那你就走。否则，你应该留下，因为这里有许多的机遇。"

就这样，沃森成功说服伯肯斯托克留下来。

事实证明沃森留下伯肯斯托克是明智的。因为在促使IBM开辟计算机业务方面，伯肯斯托克做出了巨大的贡献。当年沃森极力劝说IBM其他高层管理者尽快投入到计算机行业时，得到的是大多数人的质疑和反对，而伯肯斯托克却全力支持他。正是由于他们俩的携手努力，才使IBM迎来了新的机遇，走向更辉煌的发展之路。

与下属沟通是一门艺术，说服下属接受你的建议更是一门学问。要想一开口就调动下属的情绪，管理者就要学会赞美下属。比如，赞美下属的工作态度，肯定下属的某次任务执行，还可以赞美下属的着装等等。赞美之后，在切入正题，更能实现有效沟通。

2. 分析利弊与得失，让下属明白好处与坏处

在《应用心理学》这本书中，讲了这样一个实验研究：一个小区的一半业主被告知，如果他们给整栋房子加绝缘层，每年就可以节省一笔费用；而另一半的业主则被告知，如果他们不给房子加绝缘层，每年会损失一定数量的金钱（数量和前者一样）。

结果，后者加绝缘层的人数比前者多得多。心理学研究认为，人们在制定决策、做出行动时，对潜在损失的关注要比对潜在收益的关注多得多。

所谓潜在损失与潜在收益，本质上是利弊得失，也就是好处与坏处。这就提醒我们团队管理者，在引导和说服下属时，要给下属分析利弊得失，让下属明白某个观点或某个行动的好处与坏处。

比如，在引导和说服下属接受不愿意做的工作时，可以先说明做这件事对他的重要性和好处。如果这一招不奏效，再说明不做这件事给他带来的损失，比如，失去一次锻炼的机会，失去一次学习的机会，失去领导的信任，无法向大家证明自己的能力等。

四、委婉含蓄的话语更能抵达人心

中国是个含蓄的国度,在中国的文化里有很多含蓄的成分。含蓄并不是虚伪,而是对他人的尊重。比如,在表达不同观点时,不直接提出反对,而是委婉地说出自己的想法。这样可以照顾对方的感受,给对方留足面子。

委婉含蓄的表达还是一种有效的控场技巧。管理者在讲话时,如果太过直接,可能会引起下属的反感和不满,造成场面失控、下属不服管,引起不愉快。因此,懂得委婉含蓄地表达观点,是优秀管理者必须具备的素质。

接下来,我们推荐几个委婉含蓄的沟通方法,如图6-4所示:

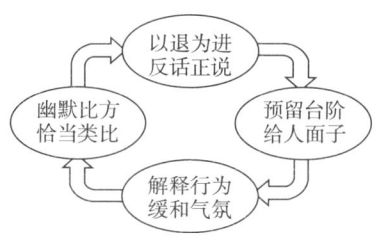

图6-4 委婉含蓄的沟通方法

1. 以退为进，反话正说

想直接说服他人接受我们的观点或建议并不容易，搞不好还会引起不愉快。大量的事实证明，懂得以退为进，反话正说，可以轻松说服他人。

有一次，我在办公室接待一位客户，对方拿出香烟，叼在嘴里，去取打火机。正当他准备点燃香烟时，他问了我一句："我要抽支烟，你不介意吧？"我看了他一眼，自嘲道："抽吧，反正我已经吸了够多的二手烟了，不在乎再多吸一点！"客户听了我的话，不好意思地笑道："嘿嘿，那算了吧，我还是忍一忍！"说着，他把香烟和打火机放回口袋。

当客户征询我是否介意他抽烟时，如果我直接说"不行"，很容易引起他的不满。但我又不能答应他，因为我讨厌吸二手烟。在这种情况下，我只好采用以退为进的策略，通过反话（反对的意见）正说（貌似同意的说法），委婉地暗示客户我并不希望他抽烟，收到了非常好的劝说效果。

身为管理者，在与人沟通时，不妨学会退让一步，这样往往更容易达到掌控他人思想，驾驭他人想法的效果。比如，在与下属沟通工作时，适当的退让和反话正说，可以起到有效的提示、提醒作用，刺激下属去反思、去发现自己的问题。这比直截了当地指出他们的问题，更容易被他们接受。

以退为进，反话正说的说服方式，就像拉弓射箭，先把弓往后拉，是为了把箭射得更远。在沟通中，当双方观点处于僵持状态时，管理者不妨退一步，然后再与之沟通，以求进一步，这样更容易说服他人，从而有效地控场。

2. 预留台阶，给人面子

人活在世，都希望成为有面子的人。当别人不给我们面子时，我们往往也不会配合他们。同理，在日常管理中，管理者也要善于给下属面子，如果你照顾好了下属的面子，下属就会乖乖地配合你、支持你。

陈先生是某公司的采购部经理，有一次，公司采购了一批货物。为了给公司节省成本，他没有请卸货工，想发动部门员工来卸货。时值夏季，天气很热。大家都躲在阴凉处，谁都不愿意干活。只想熬到下班时间，好溜之大吉。

陈先生催促了几句，见大家不搭理，于是想了劝说的办法。他问下属们："我知道你们并不是怕干活，而是都很怕热，对不对？"下属们谁也不愿意承认自己懒，便七嘴八舌地说："是啊，天太热了！"

陈先生说："既然天气太热了，要不这样吧，我们等到太阳下山了再卸货，现在我们先到阴凉处歇着。"下属们一听，纷纷高兴地拍手叫好。陈先生为了使气氛更热烈一些，还买了十几根雪糕和两个大西瓜让大家解暑。大家在说说笑笑中，接受了他的说服，不等太阳下山，就卖力地把货物卸完了。

尽管你是管理者，你有权命令大家干活，但大家如果心里有怨言、不服从，行为上就不可能充满干劲。因此，当你发现下属不太配合你时，你要做的不是强硬地命令，而是委婉含蓄地说服，预留台阶，给人面子就是一个十分有效的说服策略。

人都有自尊心，都有尊严感。而直接指责、强硬命令，是最容易伤人自尊心的行为。如果你不希望与下属之间爆发意见冲突，不希望下属和你对着干，那就试着给下属预留台阶，给下属面子吧！

3. 解释行为，缓和气氛

管理者面对下属的不良行为和表现，有责任和义务指出来，给下属必要的指导和教育。有些管理者在指正下属的过错和不良行为时，言辞激烈、态度强硬、语言直接，比如，"你真是太让我失望了，这点事都办不好，你还有什么用？"

你听这话，是不是很耳熟？这就是不善于沟通的管理者喜欢说的话，它无形之中就会刺激下属在内心建立起自我防御系统，抵触管理者的说教。而聪明的管理者懂得解释行为,缓和气氛,化解下属的抵触情绪。

多诺万是美国一家物流公司的CEO,每次他指正下属过错时,他都会先解释说:"我不是针对你一个人,更不是在批评你,我是在以你的这个错误为案例,帮你分析这个错误造成的原因,究竟采取什么方式来解决它!"这番话一出口,下属就明白了多诺万不是针对他的,而是针对他的错误的,自然就容易接受了。

4. 幽默比方,恰当类比

在日常管理中,为了不让人感到难堪,管理者可以采用幽默的口气打比方,形象化地说明问题,委婉地传达你的意图。

美国总统林肯曾经对那些冗长而复杂的报告深感厌倦。有一天,财政部长像往常一样派人送来财政报告。林肯很委婉地说:"当我派一个人出去买马的时候,我并不希望这个人来告诉我这匹马的尾巴究竟有多少根毛。我只希望知道它的特点是什么。"财政部长一听,马上明白了林肯的意思,那是在提醒他不要给他冗长的报告,而要给他简单的东西。

如果林肯不采用幽默比方,而是直接说:"每次都给我这么复杂的报告,我哪有那么多时间看?你们就不知道把报告写得简单点吗?"这样的话财政部长听了之后,感觉会如何呢?你不妨试着体会一下。

五、反复强调拆掉员工思维里的"墙"

我们在电视里经常会看到这样的现象:同一个产品广告,安放在不同的频道,而且每天24小时不间断地播放,密度非常大。这种宣传模式是不是浪费资源呢?当然不是,这是厂家在向大众灌输产品的形象。也许观众记不住这个产品,甚至对这个产品还有一些反感情绪,但经过一次又一次的强化,观众不知不觉就记住了、接受了。这就是反复强化产生的影响力和说服力。

在团队管理的控场过程中,这种反复强调的策略同样适用。管理者的某个经营理念、某个产品观点,也许下属一开始并不接受,并不认同,但如果管理者反复强调,那么下属一再接收到相同的信息,其思维里抵抗不同观点的那堵"墙"就会自动瓦解。然后,他们会将这个经营理念、产品观点转化为记忆保存起来。

欧康尼尔是18~19世纪爱尔兰的政治家,也是经验丰富的演说家。他曾说过这样的话:"要使大家能够相信并且接受一种政治的真理,只讲一两次甚或是十次是不会成功的。要使政治上的真理深印人心,必须要再三

的申述，因为听众若是继续听那一件事，在不知不觉中就和这一个真理连在一起了。到了后来，他们把那一件事静静地安置脑海中，就像信仰宗教一样地不再去怀疑了。"

美国前总统奥巴马就非常善用这一招。他在《我们需要的变革》的演讲中，反复地强调以下几个词汇和语句：

"我们属于美利坚合众国，现在如此，永远如此！"

"我们美利坚民族……"

"在这个国家，我们作为同一个民族，同生死共存亡。"

"我们美国人的经历各有不同，但我们的命运相关。"

"现在，我们坚信美国式信念——是的，我们能！"

"因为它凝聚了整个民族的精神。"

……

在这篇演讲中，奥巴马反复强调"美利坚""民族""美国"，不断在听众脑海中强化这个概念，让每个不同的个体都认同他的民族观。那些看似啰嗦的话并非没有意义，相反，通过不断重复，不断强化，不断暗示，可以逐渐消除他人的心理防线，从而赢得他人的信任和支持。

我的母亲也深深懂得反复强调的道理，所以，当我父亲问她为什么总是把一件事对我讲上十遍时，她说："因为我说了九遍，儿子还是没有记住！"很庆幸的是，我继承了母亲的这一优良说服传统。在带团队的过程中，我也喜欢运用反复强调的说服策略。

1. 把"新的观念"植入到团队成员的大脑

无论这个观念是团队成员们认同的，还是他们反对的，我都会反复强调，以加深大家对这个观念的印象。这种方式很奏效，因为它在给大家心理上带来了"暗示作用"的同时，还会帮大家建立一种"对我有利的新观念"。

例如，林肯最有名的一句话是"来自人民的为人民的人民政府"。林肯就是想说"人民政府",但他为何多次使用"人民"这个词?因为他通过三次重复使用"人民"这个词,能带给人们深刻的暗示效果和感化力量。这种反复强调一个观点、一个词语,在管理中也十分常见。

比如,在推行制度的过程中,管理者不断强调"制度面前人人平等"这个观念,一开始大家可能觉得这不过是逢场作戏的空口号。但是当管理者每次开会就强调,每次处理违反制度的行为时都强调这个观念时,大家就会慢慢意识到公司的制度是公正的,从而认同这个观念。

因此,管理者要学会不断使用"反复强调"来驾驭团队成员的思想,从而为掌控团队扫除思想上的障碍。这是拆除员工思维里的"墙"的第一步。

2. 熟练运用两种"反复强调"的操作方法

"反复强调"有两种操作方法,一是反复强调相同的话语;二是改变说法,换汤不换药。

(1)反复强调相同的话语。反复强调相同的话语,就是一而再、再而三地把一句话反反复复地说。比如,你想说服某位下属接受一个有挑战的任务,可下属自信心不足,这时你可以反复强调:"在我们团队里,你是最有能力,最有把握完成这个任务的。"就这句话,反反复复地对下属说,可以激发下属的自信心,促使下属接受挑战。

(2)改变说法,换汤不换药。总是重复同一句话,下属可能会觉得你婆婆妈妈,对你很反感。因此,适当地变换说法,传达相同的意思,是管理者必须掌握的第二种反复强调的策略。

"在我们团队里,你是最有能力,最有把握完成这个任务的。你看上次,我派小陈去完成那个推销任务,小陈失败了。我又派小刘去,小刘又失败了。最后我派你去,你很快就搞定了。其实你很有实力,只是你自己没有发现,但我作为你的上司,我看得清清楚楚。"你看这番话,是不是比那句"在我们团队里,你是最有能力,最有把握完成这个任务的"有更强的暗示性？更能表达你对下属的欣赏和肯定？

改变一句话的说法其实很简单，你可以丰富一下它、延伸一下它，再加上有说服力的例子，这样原来那句简单的话，就变得非常丰满，而你在下属眼里，也会变得非常有诚意。这样就很容易说服下属接受你的观点，乖乖听你的安排，整个团队就会尽在你的掌控之中。

3. 反复强调要有耐心，甚至要用"苦肉计"

老蒋是一家公司的元老级人物，也是老板的得力智囊团成员之一。十几年来尽职尽责，为公司出谋划策，做了很大贡献。半年前，老蒋和老板在公司 CEO 的人选上，产生了较大的意见分歧。最终，老板当众拍案而起："听你的还是听我的？不想干就走！"一气之下，老蒋辞职不干了。

半年过去了，公司在新任 CEO 的领导下，不但没有更上一层楼，反而在困境的泥潭越陷越深。老板深知自己看错了人，无奈之下解雇了 CEO。这时他想起老蒋的好，于是他带上礼物，登门拜访，请求老蒋回公司效力。

起初老蒋并不同意，但老板只要有空，就跟他打电话。周末更是多次登门拜访，反复地邀请老蒋回公司。最终，老板的诚意打动了老蒋。老蒋回归后，通过慧眼识人，选出了有能力的 CEO，很快就带领公司走出了困境，迎来了转机。

改变一个人的观念，拆掉一个人固有的思维的"墙"是不容易的。因此，在运用反复强调法时，一定要有足够的耐心。这就要求管理者在说服的过程中，尽可能反复强调自己的看法，增加观点的刺激频率，尽量给下属多一点暗示。很多时候，反复说服本来是可以取得成效的，但由于管理者缺少耐心，放弃了反复强调，使得有可能成功的说服以失败告终。

六、激将法帮你牢牢牵住"牛鼻子"

英国知名生理学家谢灵顿,年轻时是一个满身恶习的浪荡公子。有一次,他对一位女工一见钟情,于是很冒昧地向其求婚。没想到那位女工断然拒绝:"我宁愿跳到泰晤士河里淹死,也不会嫁给你。"这话让谢灵顿羞得无地自容。从此,他奋发图强,刻苦钻研,并于1932年获得了诺贝尔奖学金。

女工由于厌恶,说出的拒绝之言深深刺激了谢灵顿,这在客观上激起了谢灵顿的自尊心,促使其猛然醒悟。从某种意义上说,女工在无意间使用了激将法,成功激励出一位杰出的科学家。由此可见,看似带有恶意的激将,在一定情况下能够产生"点石成金"的奇特的激励效果。

在企业管理过程中,管理者也可以尝试运用激将法来激励下属,使下属为了照顾个人的颜面,维护个人的自尊心,在无形之中按照管理者的意图去做事。如果说下属是不听使唤的"倔牛",那么激将法就相当于牵牛鼻子的绳子,只要管理者牵着这条绳子,就不怕倔强的牛不听话。

1. 要先摸清对方的性格特点

在运用激将法时，要先摸清刺激对象的性格特点。通常来说，自尊心强、性格外向、感情浓厚、急脾气、自视甚高、自制力较低的人，情绪很容易激动，对于这样的人采用激将法，往往比较容易成功。比如，你瞧不起他，说他办某件事办不成，他偏要证明给你看。这样，你就悄无声息地说服了他去办事的目的。而对于那些心思缜密、逻辑严谨、谨小慎微、性格内向、感情成熟、内心理智的人，激将法往往达不到说服的目的。

2. 不能表露出你的真实意图

在使用激将法时，最重要的一点是不能表露你的真实意图。否则，对方会产生一种"被利用"的感觉。然后一气之下，跳出你的"圈套"，跟你对着干。这样一来，你利用激将法说服对方的计划就落空了。

3. 三种激将法轻松说服下属

激将法可以分为以下三种（如图6-5所示），我们分别来具体介绍：

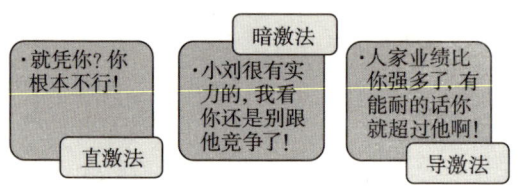

图6-5　三种激将法

（1）直激法。直激法就是直截了当地刺激你要说服的对象，羞辱他、激怒他，使他在强烈自尊心的作用下，被你牵着鼻子走，按你的意图行事。直激法的优点是，对说服对象的刺激程度最为强烈，效果最为显著，最容易起到激将作用。

某厂推行用人制度改革，鼓励大家毛遂自荐，竞聘中层管理职务。能力出众、经验丰富的技术员小刘众望所归。然而，不知何故小刘迟疑难决。在厂领导的暗示下，一位老员工找到小刘，言辞激烈地说："小刘，你不是名牌高校的高材生吗？大家对你寄予厚望，没想到你这么没出息，连个车间主任都不敢当，真是个窝囊废！"

"我是窝囊废？你这话太伤人了！"小刘气得直跳，"车间主任又不是什么高职位，你以为我真的不敢当吗？"说完他就激情满怀地冲进了厂长的办公室。

在这个例子中，老员工运用的就是直激法，直截了当地羞辱、刺激小刘。结果，小刘毫不知觉地中招，一气之下，就毛遂自荐当车间主任了。

（2）暗激法。暗激法是指有意识地褒扬第三者，暗中贬低说服对象，利用人们争强好胜的心理，激起说服对象想超过别人、证明自己的强烈愿望。暗激法的优点是，委婉地传递刺激，促使说服对象反省、暗下决心，这种说服策略不显山不露水，最不易暴露我们的真实意图。

三国时，诸葛亮为了联合孙权抵抗曹操，故意在孙权面前说："曹兵百万，兵多势大，所向披靡。"孙权对曹军的人数表示质疑，诸葛亮却说："我只讲百万，是怕吓坏你们江东的人呀（实际上曹操有一百五十万军马）。"孙权受到刺激，忙问："那我是战，还是不战？"诸葛亮乘机说："如果东吴人力、物力能与曹操对抗，那就战；如自觉不敢，那就投降！"

孙权不服，反问道："依你之言，刘豫州缘何不降呢？"

诸葛亮进一步激将道："田横乃齐国壮士，尚能坚守气节，何况刘豫州乃皇室之后，盖世英才，众望所归如百川入海，岂能屈膝投降、屈于他人旗下呢？"

孙权顿时勃然大怒，发誓要与曹军决一死战。

在这个例子中，诸葛亮连续运用了两次暗激法，先是拿曹操与孙权比，褒奖曹操，暗贬孙权；然后又拿刘备与孙权比，褒奖刘备不畏强敌，暗贬孙权软弱。结果，孙权的自尊心被激发出来，萌生了要超过曹操、刘备的念头，立下了与曹操决一死战的誓言。

在运用暗激法时，管理者最好选择刺激对象较为熟悉的人，能力、水

平、业绩与刺激对象差不多，各方面条件不相上下的人。而且在描述刺激对象与第三者的差距时，最好适当夸大两者之间的差距，这样更容易激起对方的自尊心和好胜心。

（3）导激法。面对不同的对象，管理者如果一味地采用简单的否定、刻意的贬低去刺激他们，可能收效甚微，甚至还会起反作用。这个时候，管理者就有必要掌握导激法。所谓导激法，指的是刺激中有引导，既能刺激对方的自尊心，又能引导对方按照你的期待去努力。

某公司有一位业绩较差的员工，上班迟到早退不说，还经常以"偷懒"为荣，自认为很聪明。有一次，他笑话一位同事小胡："干嘛那么卖力，公司也不会给你多发一些工资。"这话正好被上司听见了。

上司批评道："你有什么资格笑话小胡？小胡兢兢业业地工作，业绩比你强多了，有本事你让自己的业绩超过他！"这名员工听到上司这番话，暗自下定决心努力工作，而且也不迟到早退了。几个月后，他的业绩超过了小胡。

在这个案例中，上司运用的就是导激法，他的话里既有激将的成分——小胡的业绩比你强多了；又有引导的成分——有本事你让自己的业绩超过他。这样既刺激了下属的好胜心，又让下属知道怎么做。所以，取得了很好的说服效果。

七、懂得倾听才能了解员工的真实想法

管理者都希望下属能够对自己敞开心扉,把自己的想法、对工作的建议表达出来。可是很多管理者并未放低姿态,用心去关注下属的想法,下属自然也就慢慢地关闭了心门,不愿意表达真实想法。因此,从某种程度上来说,懂得倾听是优秀管理者的重要特质之一。

有位学员曾跟我讲过这样一个故事:他在担任一家分店店长时,为了应对竞争对手的重装开业,私自违反工作流程。总部领导得知这件事后,批评了他,他不但不接受,反而与领导吵了起来,并递交了辞职书。人事部经理找他谈话,他置若罔闻,拒不接受处罚。

这件事反映到总裁那里,总裁找他谈话,让他讲述事情的经过,并交换了意见。整个过程,总裁都非常认真地倾听,并说他很有思路。经过交流后,总裁真诚地听取了他的意见,这让他充分感受到了重视和尊重,也平息了抵触情绪,收回了辞职书,并认识到自己的行为应该接受处罚。

没有人愿意接受不明不白的批评,在批评之前,管理者若能放低姿态,认真倾听下属的想法,就很容易走进下属的内心,了解事情的真实情

况,从而更好地思考问题解决对策,指导下属开展工作。

其实,不只是在下属工作出了问题时,管理者要认真倾听下属,在日常管理的方方面面,管理者都应该保持良好的倾听习惯。倾听不仅是了解下属真实想法、了解事实的重要手段,也是表达对下属重视和尊重的重要方式,还是激励下属最有效的一种策略。从这个角度说,倾听才是最强大的控场力。

有人曾问松下幸之助管理公司的诀窍,松下幸之助说:"首先要细心倾听他人的意见。"这句话足以证明倾听的重要性。对于管理者而言,重视与下属沟通首先要懂得倾听下属,懂得倾听下属,才能了解员工的真实想法,才能听到最有价值的意见和建议,从而为决策提供参考。

当年因特网刚出现时,微软公司的很多高层领导不理解、不赞成公司花太多的精力去做这个不挣钱的技术。但是有几位技术人员不赞同这个观点,他们不断地向公司提意见和建议,向管理者解释这项技术在未来可能的前景。

尽管高层们当时没有完全理解技术人员的观点,但他们仍然给对方畅所欲言的机会。后来,这些意见和建议引起了比尔·盖茨的重视,他特意召集那些技术人员交流意见,认真倾听他们的想法。

经过深入思考和分析,他意识到技术人员的建议很有价值,并认识到互联网是一个有前景的行业,于是改变了公司的研究方向,向因特网上转型。事实证明比尔·盖茨的做法是明智的,正是这一转型,为微软的发展开辟了新的篇章。

对于倾听员工的意见,前IBM公司总裁沃森说:"我从不会犹豫提升一个我不喜欢的人当官。体贴入微的助理或你喜欢带着一起去钓鱼的人对你可能是个大陷阱。我反而会去找那种尖锐、挑剔、严厉、几乎令人讨厌的人,他们才看得见,也会告诉你事情的真相。如果你身边都是这样的人,如果你有足够的耐心倾听他们的忠告,你的成就是无可限量的。"

为了更好地倾听下属的真实想法，管理者需要注意以下几点：

1. 保持谦逊的姿态

没有人愿意跟一位自以为是的管理者分享真实想法，除非管理者拥有空杯心态，懂得谦逊和接纳。因此，如果你想听到下属的真实想法，请先保持谦逊的姿态，对下属的真实想法表达倾听的渴望。

你可以通过下面的话，来引导下属说出真实的想法：

"我想知道你的真实想法。"

"你的看法对我很重要！"

"我想听到你的意见！"

"你的建议是？"

通过这样的话，可以让下属感受到你的重视，从而激发下属和你分享真实想法的愿望。

2. 做出适当的回应

倾听不是死气沉沉地看着对方，一味地听对方讲述，这样只会让对方觉得你是个无趣的、毫无诚意的人，从而丧失往下讲的欲望。高明的倾听应该伴随着适时的回应，比如，重复对方最后一句话，或表示赞同，或表示好奇，促使对方继续讲下去，讲得更详细。要让对方感觉到你不仅在认真听，你还在认真思考，还与他产生了共鸣。这种正向反馈会让沟通和倾听变得更加愉快。

3. 提有价值的问题

在倾听的过程中，如果你想引导对方按照你的思路来讲，来分享其真实的想法。那么，你就有必要学会提问。当你提出一个看起来是他感兴趣和擅长的，其实是与你想了解的内容直接相关的问题时，对方会不知不觉按照你预设的路径去讲述，而且他会讲得兴致勃勃，让你获得最想要的内容。

主管委派给下属小凌一个艰巨的产品设计任务，小凌不仅完美地完成了，而且表现出了超乎预料的创意。于是，主管把小凌叫到办公室，谦虚地请教他的创意来源。

整个沟通过程中，主管非常重视回应和提问，比如，他问小凌：

"当时你掌握的信息有限，你是怎么收集到关于产品的完整信息的？"

"信息那么多，你是怎么甄别信息的？"

"这些信息对你产生创意有什么帮助？"

"你是怎么冒出那个创意的？"

"你是怎样让创意落地的？"

这一系列问题，很好地引导了小凌讲出创意产生的过程，从而为以后的产品设计提供了创新模式的借鉴。与此同时，小凌充分感受到了主管的重视，讲得兴致勃勃。这就是对沟通的完美控场。

第七章
没有监督就没有执行力

杰克·韦尔奇曾经感慨:"到现在为止,还有许多领导以为员工对他讲什么感兴趣,其实员工只对领导检查什么感兴趣。"管理者检查什么,员工才会重视什么,才会做好什么。如果没有监督检查,寄希望于员工的自动自发,很难保证员工最终的执行效果。

一、员工不做你想要的，只做你检查的

一个成功的企业，离不开正确的决策和有效的监督。计划的落实不仅需要大家自觉行动，还需要管理者重视监督和检查。大家都上过学，老师布置下去的作业如果不检查，学生肯定会敷衍了事，或抱着侥幸的心理，干脆不做。老师不检查的次数越多，学生完成作业的质量就越差，不完成作业的学生就会越多。

很多管理者经常说这样的话："这个问题我已经跟你说过了，怎么还这样？""这个工作我跟你交代得很清楚，你怎么做成这样？"从这些话里可以清楚地看到问题的症结——没有检查。没有检查是谁的责任？是管理者的责任。所以，抱怨员工执行不力有什么意义？这不是管理者应有的控场力。

在一家公司里，总有20%的人很自觉、很认真地对待工作，有60%的人是要靠监督来完成的，最后还有20%的人很难独立完成工作。如果你只是希望员工如何去做，员工往往做不到你希望的。但如果你提醒某个时间要检查，员工的工作效率就会提高一些。只要你不去检查，不去考核，就

不会有人把工作当回事。

IBM公司前总裁路易斯·郭士纳说过两句名言,第一句是"员工不会做你希望他做的,只会做你检查的"。第二句是"如果你强调什么就会去检查什么,你不检查就等于不重视"。这两句话道出了管理的精髓,也道出了管理者带好团队的关键。

优秀的管理者懂得,工作安排下去之后,还要定期或不定期地检查,及时发现员工在执行中出现的问题和所遇到的困难,帮助员工把工作执行到位。有了到位的监督,才有到位的执行,监督是掌控团队的强有力保证。

德国著名的纽豪斯电器公司十分重视监督工作。大到几百万元的项目研究,小到一张报销的票据,公司都有相应的监督机制。总经理纽豪斯经常提醒相关部门和负责人,必须做好职责范围的监督工作。

有一次,后勤部的员工马赫克按照上司要求去采购电风扇、凉席,为员工宿舍增加生活用品。小商店没有正规商业发票,只给了马赫克一张等额的餐饮票,以作为购买凭据。结果,财务部主管在检查票据时,发现了这张面值500欧元的餐饮票。

在追问情况、了解客观事实后,财务部要求马赫克找商店老板补开合格的发票。最终马赫克按照上司的要求解决了这次发票事件。类似的事件在纽豪斯电器公司时常发生,各部门管理者始终认真贯彻监督制度。由此告诉大家:不要违背公司的制度,不要对有可能偏离正道的工作行为心存侥幸。

对于检查,管理者切勿心存偏见。经常听到检查人员说:"对不起,上头要求检查你的工作。"这话显得检查人员心虚,怪不好意思的,似乎检查是不信任对方,会伤害对方。再看看被检查者,一脸的不耐烦和不配合。结果,检查人员匆匆应付了事,走个过场,签个字,归个档。也有一些检查人员觉得自己有权力,对被检查者颐指气使。这些都是不正确的检

第七章 没有监督就没有执行力

查心态和被检查心态。

事实上,检查绝不是对被检查者的不信任,而是在帮助被检查者更好地完成工作,促进企业健康发展。因此,管理者应该帮大家树立正确的检查和被检查心态,把检查变成一种常态管理行为,变成一种掌控团队的长效手段,如图7-1所示:

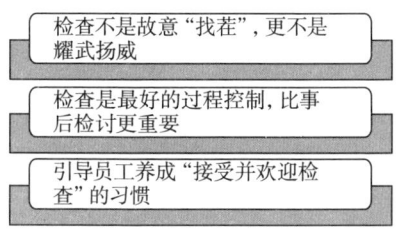

图7-1 正确的检查和被检查心态

1. 检查不是故意"找茬",更不是耀武扬威

企业是一个商业组织,追求的是对过程和结果的掌控。因此,每个管理者都要明确自己的岗位职责和职业道德,遵守公司成文的规章制度,在公平、公正的平台上按制度办事,履行职责。

从本质上来说,员工与管理者是平等的,大家为了实现企业的发展目标,各司其职,发光发热。因此,管理者千万不能把检查当成彰显权力的机会,在员工面前耀武扬威。要知道,检查是属于管理者职责范围内的工作,只是在做本职工作,绝非故意找茬或整人。因此,检查的时候要对照目标和标准,而不是根据主观臆断胡乱检查。

2. 检查是最好的过程控制,比事后检讨更重要

很多企业强调"结果第一",但好的结果离不开过程控制。如果没有对过程的检查,那么好的结果往往是空中楼阁。以产品制造为例,假如没有质量检查,那么就很容易把生产的次品当成合格产品,流入到市场中,流入到顾客手中。客户一旦发现了次品,就会对企业的产品失去信任,这样一来,企业就失去了顾客。

如果没有安全的检查，发生事故或伤亡，给企业造成的打击是致命的，轻则直接导致企业损失，重则导致企业倒闭。面对惨痛的后果，企业再去检讨谁该负责，该处罚谁，又有什么意义呢？

所以，不要等到不良的结果出现了，再去检讨、处罚，那是亡羊补牢，意义已经不大了。设置过程标准和关键点检查，严抓中间过程的检查，才能确保有个好的结果。

3. 引导员工养成"接受并欢迎检查"的习惯

站在被检查者的角度，如果你工作认真负责，对自己的执行力自信，工作过程中没有"猫腻"，那对检查有什么反感的呢？检查恰恰是证明你良好工作能力和职业素养的好机会。即使你工作有做得不到位的地方，检查也是帮你发现问题，帮你纠正错误，那为什么不愿意接受检查呢？

身为管理者，应该向员工传达"接受并欢迎检查"的观念。同时，管理者自己也要有"接受并欢迎检查"的态度。因为有时候，你也会被上级领导检查，这个时候切勿以管理者自居，认为上级不给你面子。要客观地看待被检查，那只是一项常规的工作内容，根本不涉及"信任不信任""面子不面子"等问题。

二、你的精力有限，只需盯紧直接责任人

管理者的时间和精力是有限的，在落实监督机制时，不可能只靠自己一个人，去检查下属们各项任务的具体落实。为了提高监督的效率，也为了更好地掌控企业或本部门全局，管理者在监督时就必须抓关键。所谓抓关键，指的是盯紧直接责任人，通过责任人的汇报来把控任务的落实，来掌控工作的进程。至于任务怎么执行，执行过程中出了什么问题，应该由直接责任人去把控。

东北一家炸药厂一年内多次出现生产事故，董事长忧心忡忡，他与分管安全生产的主管谈话多次，也处罚过他多次，但还是没有效果。每次出了问题，安全生产主管就把责任推给一线员工，说员工没有落实安全生产制度。

董事长总是批评他监督不到位，他却叫苦："我每天都在现场，该强调的都强调了，该检查的都检查了！我也没办法！"董事长知道，事故的发生就是因为他监督不到位导致的，无奈之下，只好撤换了安全生产主管。

接着,公司选出了新的安全生产主管,董事长对新主管说:"为了保证安全生产,你一定要做好监督工作。公司在厂区为你提供一套房子,你把家人都接过来住吧,省得你每天在路上奔波。只要你能把安全生产工作监督好了,等到你退休时,这套房子就给你了。"

奇怪的是,自从安全生产主管住到厂区里之后,公司的生产事故就再也没有发生。为什么会出现这么大的变化呢?因为安全生产主管和家人都住进了厂区,厂里的安全事故直接影响他们的人身安全。因此,他非常用心地抓安全生产监督,而董事长只需盯紧他,听取他在安全生产方面的工作汇报,通过他来落实安全生产监督机制。

每一项工作都有一个直接的负责人,这个负责人就是管理者应该重点盯紧的。想了解工作的进展,应该在第一时间找这个负责人了解。平时要定期接受负责人的工作汇报,以把控工作进展。这样就把监督变成了"一对一",而不是管理者一人监督众多下属,这样监督效率就大大提升了。

为了更好地盯紧直接负责人,管理者可以参考以下几点去做:

1. 委派工作要指定具体的负责人

想要盯紧直接责任人,你在委派工作时,必须确定一个直接责任人。千万别叫来三五个下属,对他们说:"这项工作由你们完成,要负好责任,把工作执行到位。"如果这样委派工作,那你就没办法盯紧直接负责人,因为你不可能一双眼睛盯住三五个人。

聪明的工作委派是一对一的,而不应该是一对多的。当你把一项工作交代下去时,接手工作的人,就是直接负责人。你要跟他讲清楚责任、权限,这一点在前文的授权中讲得很清楚,甚至可以让他签订授权文书。文书里写明奖惩措施,干得好会怎样,没干好会怎样,白纸黑字,清清楚楚。

工作如何开展,由直接责任人去实施。他可以根据自己的权限,安排其他人去落实,也可以自己亲自参与到执行中。作为管理者,你只需盯紧他，要求他定期汇报工作，或主动找他了解工作进展即可。

2. 建立并坚决落实岗位责任制

职、责、权、利是每个工作岗位不可或缺的因素，岗位落实到人，就必须责任到人，放权到人。有责无权，工作难以取得成效；有权无责，容易导致权力滥用。因此，实行岗位责任制，有助于企业各部门工作的科学化、制度化，达到事事有人负责的目标。

身为管理者，如果想提高企业管理效率，牢牢掌控各项工作进展，务必明确每一岗位的工作职责，并将工作职责直接落实到岗位。做到这一点，就能保证人人有事做，事事有人监督，进而提升企业执行力。

3. 将责任与员工利益捆绑起来

上文案例中，董事长让安全生产主管和家人住进厂区，并承诺等他退休，房子给他，前提是把安全生产监督工作做好。这就等于把责任与员工的利益捆绑到一起。如果安全生产主管不把安全监督工作当回事，不把安全制度落实到位，一旦出了安全事故，他们一家人的生命都会受到威胁。所以，这就给他做好监督工作制造了压力，也提供了动力。

可见，要想公司的制度和公司的战略计划得以贯彻实施，管理者就应该向下属明确责任与利益之间的关系，让员工清楚自己的责任，以及做好工作所获得的利益。如果员工圆满地完成了任务，会获得哪些奖励？反之，将受到怎样的处罚？这些都应该让员工清楚明白，这样才能给员工压力和动力，使员工带着目标感、使命感去对待工作。

三、阶段性沟通——确保对情况了如指掌

<big>监</big>督和检查对提升员工执行力有很大的帮助，但如果监督太频繁、太严密，它的性质就变了。员工会觉得自己不被信任，觉得是在监控下做事，没有得到应有的尊重。因此，管理者要把握监督的尺度，既要对员工的执行情况了如指掌，又不能让员工觉得受到了监控，感到窒息。怎样才能做到这一点呢？我推荐阶段性沟通和检查。

所谓阶段性沟通和检查，指的是在下属执行过程中，管理者应该关心工作的几个重要阶段。每当工作进入到一个新的阶段时，都应该与员工及时沟通，以检查前一阶段的执行情况，并指导员工做好下一阶段的工作，以保证工作结果的准确性。

以某个项目的执行为例，项目的进度是制胜的关键，进度决定了它能否抢占市场。高效快速是每个人的追求，管理者可以将这种追求落实为几个阶段，并给每个阶段定个期限。这就等于抓住了项目的咽喉，而且要让员工把这些阶段记在脑海里。"这个阶段的工作就要结束了，下个阶段的工作就要开始了，上司就要来检查了！"当员工的脑海里有了这种念头时，

他们在执行时就不敢松懈。

有了针对每个执行阶段的时间期限，你就不需要整天盯着员工，查看员工的工作状态，为可能不到位的执行忧心忡忡了。有了时间期限，你只需要在某个时间问员工："现阶段的工作做得如何？能按期完成吗？"如果员工回答："现阶段的工作拖延了，无法按期完成！"你就要问他原因，考察究竟哪里出了问题。

一般来说，最可能的问题出在员工身上，比如，员工因工作难度、能力、情绪或自身的拖延等，导致不能按时完成任务。这时你不要急着苛责员工，先看一看计划的安排。也许是任务难度太大了，工作量太大了，导致员工无法完成。你可以和员工针对执行情况，对执行计划做出调整，或换一位更能胜任的员工接手。倘若不是任务难度太大或工作量太大的原因，那么你就需要督促员工尽快赶上进度。

下面，我们就针对一项任务执行的几个常见阶段（如图7-2所示），来分析每个阶段管理者应该与员工沟通什么，具体怎样沟通，才能起到监督员工的作用。

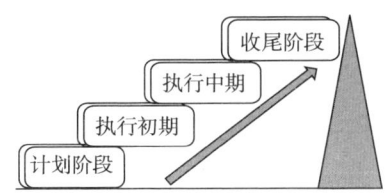

图7-2 沟通的四个阶段

1. 计划阶段

优秀的管理者把一项工作安排给员工时，不仅会交代清楚工作的内容，完成的期限，达成的标准，还会督促员工抓紧时间做个执行计划或执行方案。然后针对员工的计划、方案碰个面，检查员工的执行计划是否合理，方案是否可行。

这个阶段的沟通，是把关员工的计划和方案，目的是防止员工用不合

理的计划和错误的方案去执行任务，导致白忙活一场。既浪费时间，又耽误工作进程。在敲定了执行计划和执行方案后，管理者就可以对员工说：赶紧去干吧！

2. 执行初期

俗话说："万事开头难！"在执行初期，有很多铺垫性的工作要做，能否顺利开启执行方案，直接关系到整个执行的进度和成败。因此，在计划阶段与员工进行沟通时，可以给下一次沟通（即执行初期）定个时间。

比如，"今天你就开始执行吧，先把前期准备工作做好！做好之后，明天给我汇报一下情况！"这样第二天，你就可以针对执行初期的工作开展情况，与员工再次沟通，这是第二阶段的沟通和检查。这个阶段的沟通的作用，可以理解为"扶上马，送一程"，目的是确保员工执行的大方向不跑偏。

3. 执行中期

所谓工作中期，并没有一个确切的定义，我们把除了执行初期和收尾之外的中间过程，统称为执行中期。执行中期是一项工作完成的重要环节，它直接关系到工作执行的质量。作为管理者，应该重视执行中期与员工沟通，以检查员工的工作进展是否顺利，了解员工执行中是否遇到困难，从而适时提醒员工把控执行进度，指导员工排除困难，确保执行有个理想的收尾。

4. 收尾阶段

所谓收尾阶段，是指一项工作执行到最后，重点的工作已经完成，只剩最后的零碎工作需要去解决。有道是"一着不慎，满盘皆输"，有些任务的执行，看似已经胜券在握了，可如果不注重收尾，有可能功亏一篑。

比如，你让员工跟进一位重要的客户，员工前几个阶段的工作都做得很到位,客户很满意,只剩下和客户签合同了。可由于员工的疏忽,没有按客户约定的时间到场。结果,客户觉得不被尊重,一气之下反悔了。这样的结局是不是很可惜呢?因此,为了避免类似的情况发生,管理者在执行的收尾阶段,一定要提醒员工端正态度,给执行画上圆满的句号。

四、走动式管理——及时掌握第一手资料

在很多公司,管理者监督员工主要依靠员工的工作汇报。然而,员工在汇报时,往往会报喜不报忧,或避重就轻,或夸大个人表现,甚至会刻意隐瞒工作中的问题。这样一来,管理者就无法了解一线的真实情况,继而影响决策,甚至由此引发重大的危机,给企业造成严重的损失。

关于员工报喜不报忧,导致管理者不能在第一时间了解真实情况、及时做出决策,有一个很有名的案例。

德国摩登公司的大客户跳出了合同,一线销售员马上给销售主管打电话报告:"主管,不好了,公司的大客户丢掉了!"

销售主管说:"慌什么啊?镇定一点!"

说完他冷静了片刻,然后拨通了市场总监的电话:"经理,市场部出了点问题,一个客户流失了。"

总监说:"一个客户流失了有什么大惊小怪的,我们还有很多客户,继续努力!"

第七章 没有监督就没有执行力

正在这时，公司总裁打来电话，询问总监市场开拓的情况，总监笑着说："总裁，你放心，市场开拓得很好，一切尽在掌控之中，很多客户都有和我们合作的意向。"

总裁放心地挂了电话。可是一个月后，公司召开销售会议时，总裁才得知公司的多位大客户出逃，公司销售额严重下滑。

通过这个报喜不报忧的案例，我们可以深刻地认识到：仅凭听取员工汇报是无法在第一时间了解真实情况的（如图7-3所示）。正如英特尔公司的总裁安德鲁·格鲁夫所说："高层领导有时候直到很晚才明白周围的世界已经发生了变化，老板则是最后一个知道真相的人。"

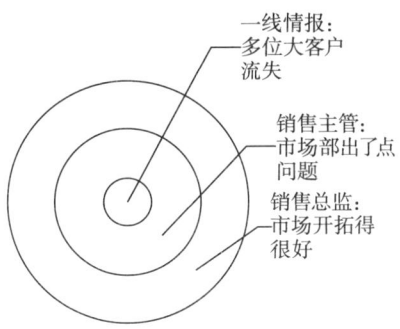

图7-3 汇报中的避重就轻现象

身为管理者，为了避免自己成为最后一个知道真相的人，最好的办法就是采取走动式管理，经常去一线走动，以亲身见闻来了解第一手资料。这对员工才是最有效的监督和检查，也是对员工有效的精神鼓舞。

土光敏夫接管东芝公司时，针对公司每况愈下的状况，他采用走动式管理，频繁深入到生产一线，和员工面对面交流，倾听员工对工作的意见和想法。在工作之余，他会主动接近员工，比如一起吃饭，闲话家常，关心员工的衣食住行。

通过坚持不懈的走动，土光敏夫熟悉了大家，居然能叫出所有员工的名字。员工听到他叫自己的名字，都十分感动，大受鼓舞。渐渐地，东芝电器公司在他的带领下走出了困境，进入了全新的发展阶段。

走动管理不仅能及时了解一线的真实情况，为决策提供第一手资料，还能展示管理者亲民、爱民的领袖气质，增进与员工的感情。从而增强公司的凝聚力，使全体员工上下一心，展现出强大的战斗力。

1. 到一线去了解情况，并给员工有针对性的指导

通过走动了解第一手资料，最应该去的地方就是工作一线。在一线走动，你可以清楚地看到员工是怎么工作的，发现员工不恰当的工作方法，帮助员工指出工作中的问题。然后，给员工有针对性的指导，从而提升员工的工作水平和执行力。

小黄是一家图书销售公司的推销员，刚进公司时，他充满自信地对上司说："总有一天我会成为公司业绩最好的推销员。"上司笑着说："不错，很有志气。"可是连续几天，小黄一本书都没有推销出去。

上司很疑惑，于是有一天，他去了小黄所在的商场，在一旁偷偷观察小黄的推销方式。发现小黄像发广告一样，见到人就凑上去，问他买不买书。结果，无一例外地被拒绝了。看到小黄沮丧的表情，上司走到他身边，鼓励道："我们要换一种方式推销，我教你用公众演说来推销图书。"

后来，小黄实践了三天，虽然业绩有了提升，但还是不能令上司满意。于是上司再次来到现场，他看到小黄是这样演讲的："在座各位，我要告诉你们，今天你们买这本书……"小黄演讲的口气特别生硬，充满了说教味道。

随后，上司指出了小黄的问题："小黄，我发现你演讲的语气硬了点，应该多一些引导，少一些说教。你可以通过讲故事来激发大家对这本书的兴趣，还可以分享一下看了这本书后的感受……"通过一次次的走动和现场指导，小黄的演说技巧大大提升，业绩也快速提升起来。

对员工来说，最好的帮助是对症下药，而对症下药的前提是了解员工的问题。显然，亲临一线可以更全面地了解员工，发现员工的问题。同时，管理者的走动对员工还能起到监督作用，使员工不敢放松对工作的要求，以保证按时按质按量地完成工作。

2. 在餐桌上了解情况，并给予员工温情关怀

和员工共餐是一种亲民的表现，也是走动式管理的一种表现。在餐桌上，管理者可以和员工面对面沟通，交流思想，了解工作进展，收集一线情报，这是把控执行、掌控团队的有效策略。

日本索尼公司的董事长盛田昭夫有一个习惯，那就是经常和员工一起吃工作餐。在餐桌上，他会和员工随意地交谈，了解员工对待遇、公司制度等方面的看法，一旦发现公司的问题，他就会快速制定解决方案。

一天中午，盛田昭夫和员工吃午饭的时候，发现一名新来的员工闷闷不乐。盛田昭夫敏锐地意识到该员工有心事，于是走过去和他打招呼。

新员工见董事长主动跟他打招呼，有点受宠若惊，赶忙站起来问好。盛田昭夫拍拍他的肩膀，示意他坐下，然后和他聊了起来，这种平易近人感动了新员工。盛田昭夫问他为什么不开心，于是新员工说出了心事。

新员工说，他的上司对下属横挑鼻子竖挑眼，不但把下属的功劳揽在自己的头上，还把自己错误的决策造成的损失栽赃到新员工头上。他对此非常失望，因为他没想到索尼是这样的公司。

新员工反映的情况引起了盛田昭夫的重视，他意识到这不是个案，其他员工可能也碰到过类似的问题。不久后，他召开董事会，讨论人事制度改革方案。在新的人事制度下，那名新员工凭借能力和才智，在一年后晋升为索尼的中层领导。

通过一次共进午餐，盛田昭夫了解到基层员工的心声，进而改掉了不合理的人事制度。不仅消除了员工的不满，还为人才营造了健康的企业环境。由此可见，在餐桌上也能实现完美控场，轻松驾驭团队。

五、"全员监督制"彻底解放管理者

说到检查和监督,你可能认为这是管理者的事情,普通员工的角色永远是被检查、被监督者。可是,如果一家企业的检查和监督工作仅靠少部分管理者来完成,似乎不太现实。毕竟管理者除了做好检查和监督工作,还有很多事情要做。在这种情况下,企业应该采取全员监督制,发挥全体员工的监督作用,在解放管理者的同时,也让监督变成全方位、无死角、常态化的机制。

普通员工永远在一线,他们往往能够最先了解到一线信息,最容易发现工作中的问题,对于改进工作最有想法和发言权。因此,全体员工在监督方面有着天然优势。管理者如果利用好员工的监督优势,那么将会大大提升对企业的控场力。

拉夫·劳伦是美国一家著名的时尚品牌,它以经营男装为主,还经营香水和化妆品。该品牌历经近半个世纪的洗礼,如今依然在时尚领域屹立不倒。这与它的创始人拉夫·劳伦对企业的完美控场分不开。

拉夫·劳伦的控场方式很简单,那就是鼓励员工积极参与到监督中来。在拉夫·劳伦公司，上到设计师，下到普通员工，每个人都享有充分监督的权力。这个监督权力不只是监督员工之间是否遵守制度，还要监督在工作中遇到的一些问题。

拉夫·劳伦认为，如果员工都不去监督，光靠专门负责人去监督，那么，一旦发生了紧急事件，就来不及解决，后果将会不堪设想。所以，他赋予每个员工监督的权力，若员工能及时发现问题，及时向他汇报，还能获得褒奖。

有一次，公司一名设计总监准备推出一种柔和且芳香的男士香水。该设计师认为，很多男士都习惯用那种清淡阳刚的香水，如果能够有所创新，推出一款与众不同的香水，一定会广受欢迎。于是，他召开会议，询问了部门几位设计师的意见，大家都表示同意。于是，他决定要推出这款香水。

这件事情被一名普通员工发现了，他认为这款香水一经推出，根本不会有什么销路。于是，他马上向当时远在意大利考察的拉夫·劳伦发了封电子邮件，说明了这个问题。拉夫·劳伦觉得员工的观点有道理，便立刻打电话回来，暂停了这款香水的推出时间。

当拉夫·劳伦从意大利回来后，经过一番深入的研究，他取消了这款男士香水。因为，在意大利出差期间，拉夫·劳伦嗅到了流行的气息，他认为柔和芳香的男士香水在近几年依然没有市场。

试想一下，如果不是那位员工及时汇报情况，也许等拉夫·劳伦回国时，柔和芳香型香水已经问世了，这对公司来说显然是不利的。通过这个案例，我们能够发现员工监督的作用。

俗话说："群众的眼睛是雪亮的。"管理者要善于发动广大员工的监督力，让企业的监督机制成为一道辐射面积广的天网，这样什么问题都逃不过管理者的锐眼。鼓励员工参与到监督中来，不仅有利于提升监督的质量，还能让员工获得强烈的被重视感，从而激发员工的主人翁意识和工作积极性。

那么,让员工参与到监督中来,有哪些有效的举措呢?如图7-4所示:

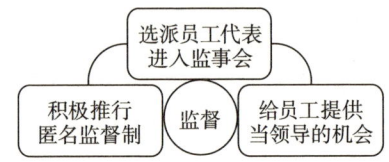

图7-4 实行全员监督制的具体举措

1. 选派员工代表进入监事会

很多德国公司里,都有一个特别的机构,叫"监事会",该机构最显著的特点就是员工参与制。一般来说,德国公司的监事会有三分之一是普通员工,他们是广大员工投票选出来的,是普通员工的代表人物,承担着检查和监督的重任,寄托了全体员工和公司领导的殷切期望。因此,被选入监事会的员工,往往非常珍惜这个机会,把本职内的监督职责履行得很到位。

2. 给员工提供当领导的机会

日本有一家公司,曾产生过尖锐的劳资矛盾,管理者想了很多办法,都没有化解矛盾。后来,他们推行"一周经理制",取得了良好的效果。一周经理制,就是让每个员工轮流做一周经理。该公司的做法是,每周一上午九点,一周经理上任。新经理上任后,手头的工作暂停,主要负责以下几项工作:

(1)听取各车间、部门主管的工作汇报,了解公司的全盘运营情况;

(2)与正式经理一道巡视各车间各部门的工作情况;

(3)在办公室里处理来自各部门、车间主管或员工的公文和报告。

一周经理有公文批阅权,在周三这天,上报过来的所有公文必须由一周经理签名批阅,即便正式经理有更改意见,也必须征求一周经理的意见。否则，不能擅自更改。

一周经理还有权对公司的管理者提出批评和建议，批评与建议要详细记录在工作日志上，以便在车间、部门之间传阅。各车间、部门的主管必须认真听取意见和建议，认真整改，还要写出整改报告，并在干部会议上宣读，得到全体干部认可才行。

一周经理制充分肯定了员工对企业的价值，给了员工至高无上的尊重，让员工很好地参与到企业管理与监督中来，增进了员工的全局意识和责任感。这对企业来说有着十分显著的作用。

与一周经理制类似，你可以根据公司或部门的具体情况，推出"三天厂长制""一日主管制""半月经理制"等。通过这些举措，既能发挥好员工的监督作用，又能从员工中发现有能力的管理人才。

3. 积极推行匿名监督制

很多时候，员工碍于情面，怕得罪了别人，不好意思把工作中的问题汇报出来。有了这种心理，他们就可能对公司存在的问题睁一只眼，闭一只眼。为了防止这种情况出现，企业有必要为员工创造一种安全、无忧的监督环境，鼓励员工采取匿名的方式实施监督。比如，公司可以设置"总经理信箱"，员工有问题汇报，可以把写好的匿名信投入信箱，由总经理亲自查阅。这样可以充分发挥全员监督制的威慑力。

六、坚决落实问责制，提升监督影响力

没有监督，就没有执行力。但只有监督，没有问责和奖惩，执行力同样无法保证。这个道理很简单，站在被监督者的角度来看，假设员工因违规操作导致执行出了问题，被发现了，但如果不追究其责任，不去惩处他，他会吸取教训吗？他会积极改正吗？这就要打一个大大的"问号"了。

很多管理者都羡慕军人的执行力。其实，军人执行力强的主要原因是有严格的问责制。概括起来无非就是两点：严格检查，严明奖惩。同样，要想员工的执行力强，管理者应该坚决落实问责制，提升监督的影响力。

当员工的执行力出问题时，管理者应及时了解情况，并对事不对人地进行问责。这一点在百度创始人李彦宏身上就体现得非常明显。

百度是全球最大的中文搜索引擎、最大的中文网站。每天百度都要面对独立流量带来的广大用户，还要为与他们合作的门户网站提供搜索服务。这让百度搜索承受着巨大的访问压力。曾经有一段时间，这个压力几乎超出了服务器承载的极限，直接考验着百度服务器的稳定性。

当时负责百度服务器维护工作的是丹,他很清楚,如果访问量继续增加,很可能导致百度服务器运行不稳定,严重影响用户的搜索体验。可就在这时,部门与一个门户网站展开合作,对方希望马上就能享用百度的搜索引擎服务。丹虽然犹豫了,但最后还是同意这个服务上线。结果,连续两天百度网站的稳定性都很差,很多用户无法"百度"出正常的结果。无奈之下,那个刚上线的服务只能紧急下线。

对于这次事件,丹的上司李彦宏很客观的进行了问责。他对丹说:"你的职责是保证百度服务的可依赖性,这次意外事件你有很大的责任,你要好好反思,以后不要犯这样的错误了。"

接着,李彦宏马上把话题转移到如何解决百度服务器的承载量的问题上,然后与丹商量解决方案。在讨论中,丹说出了自己准备的解决方案,李彦宏非常认真地听着,不时点点头,然后很投入地和他讨论解决方案中的细节。

谈完方案后,李彦宏邀请丹周末一起参加活动。顿时,丹工作上的不快烟消云散,他能感觉到上司对他的问责,完全出于客观公正的态度。

很多管理者都清楚问责的重要性,但又怕得罪人。其实,只要管理者在问责时,做到公平公正,只针对事情去问责,而不是针对员工本人,就不存在得罪人的情况。当然,即便真的会得罪人,管理者也应该本着对企业负责的态度,坚决落实问责制。

格力董事长兼总裁董明珠曾说过:"做 CEO 就一定要得罪一批人。"2001 年,她对全体干部进行了一次作风整顿活动,对于公司一位管理者公为私用的行为,董明珠说了一句非常霸气的话:"如果我不把他带来的人按照公司的规章制度去执行的话,这个制度没有办法推行下去。所以,我就盯着那个总经理带来的人,看他哪天犯事。"言外之意很明显,只要他犯事,必然会严厉地问责。

要注意的是,落实问责制时,要对以下三大对象进行问责。如图7-5:

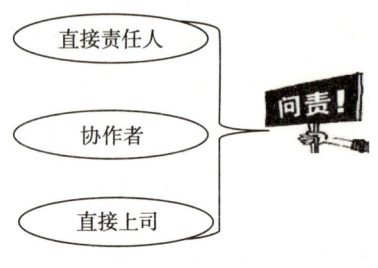

图 7-5　问责的三大对象

1. 对直接责任人进行问责

执行出了问题，工作没落实到位，首当其冲要对直接责任人进行问责。比如，你交代下属一项工作，规定他在某个时间内完成，但下属拖延未完成，导致整个项目因他的工作拖延而受影响。作为领导者，你肯定要对他进行问责，追究他的责任。如果问题严重，还应根据公司制度，对其行为进行惩处。

在对直接责任人进行问责时，管理者记住一点："我指出你的责任，批评你，并不是针对你本人，而是针对这件事。"因此，要注意问责的语气和表达方式，切勿攻击个人。与此同时，还应给员工必要的工作指导，帮员工提高工作水平。这一点可以向李彦宏学习。

2. 对协作者进行问责

落实问责制不能仅限于对直接责任人进行问责，还应问责协作者。比如，你交给下属 A 一项工作，让他在下属 B 的协助下完成。可执行中，由于下属 B 配合不积极，导致执行进展缓慢，最后延误了工作交付期限。这个时候，除了问责下属 A，还应问责下属 B。

3. 对直接上司进行问责

员工执行不到位，直接上司负有不可推卸的监督失职之责。因此，在对执行者问责之后，管理者还应对执行者的直接上司进行问责。要知道，下属的责任从某种程度上来说，就是上司的责任。下属执行不到位，也有上司监督不到位的责任。所以，直接上司必须对下属的执行不到位承担连带责任。

最后，我想提醒大家的是：问责不能只动嘴皮子，不来真格的。既然要落实问责制，就要制定相应的惩处措施，严格按照制度来处罚相关的失职者。该通报批评的通报批评，该扣奖金的要扣奖金，该降职的要降职。这样才不会让问责变成走过场的形式主义，才能维护制度的威信，真正保证团队的执行力。

第八章
合理考核是业绩的有力保障

企业以追求效益为终极目标,效益好坏由员工的业绩决定。因此,公平合理的绩效考核不能少。团队有考核,并根据员工的业绩定薪酬,员工才有压力和动力。所以说,合理考核是员工业绩的有力保障,也是企业效益的有效支撑。

一、执行没结果，企业没利润

企业是商业机构，盈利是终极目标，以结果为导向是其永不动摇的核心价值观。任何一家企业，如果不追求结果，就不会有好的结果，就不可能盈利。英特尔公司深谙此道，在其六条深入人心的价值观中，最为核心的一条就是"以结果为导向"，表面上是追求结果，实际上是追求利润。

企业靠结果生存，没有好的执行结果，就意味着没有利润，没有利润就意味着企业难以存活。员工靠结果赚取薪水，对员工来说，积极地追求好的结果才能证明自己的价值，才能帮自己赚取满意的薪水。所以，树立结果心态，用结果说话，至关重要。

现任格力电器董事长兼总裁董明珠，当初正是凭借强烈的结果意识，致力于给公司最想要的结果，才一步步取得了今天的成就。那时董明珠是格力电器的一名普通业务员，有一次，公司将其派往安徽合肥开展营销工作。到了合肥后，上司让她负责追讨一笔债款。

原来，格力电器驻安徽合肥的一家经销商拖欠格力电器货款42万元，

而且一拖就是几年。在董明珠之前,前来要账的业务员都败兴而归。面对这块难啃的骨头,董明珠没有抱怨,没有退缩,马上投入战斗。

一开始,董明珠采取软磨硬泡的办法,一到上班时间就去经销商的办公室里坐着,跟他讲道理。可对方根本不当回事,摆出一副似听非听的样子,时不时嗯一声。到了下班时,董明珠才站起身,一个人沮丧地回到住处。

尽管董明珠态度很好,苦口婆心,但经销商依然不还钱。到后来,他厌烦了董明珠,干脆对董明珠避而不见,甚至不让前台放董明珠进公司。这一做法激怒了董明珠,更加坚定了她要回货款的决心。

这天,董明珠强行闯进经销商的办公室,指着对方的鼻子怒喝道:"42万元,对于我们格力电器来说不是小数目!你知道我们厂里有多少工人在等着这笔钱养家糊口吗?"

在董明珠的厉声逼问下,经销商彻底崩溃了,犹犹豫豫地把42万元货款结完了。这次要款成功,不仅解决了公司资金紧张的问题,还清理了一笔烂账,更是让董明珠在格力电器崭露头角。

当格力电器的厂长朱洪江得知董明珠把烂账要回来了时,感慨道:"人才啊,董明珠是一个人才。"不久,董明珠就被派往南京开拓市场,这对董明珠来说是更大的一片天地。董明珠抓住了这次机会,再一次证明了自己的价值。就这样,董明珠一步步赢得领导的信任,一步步高升,最终成为格力电器的董事长兼总监。

一家企业的员工,如果都有董明珠那种"不达目的不罢休""不执行出结果不回头"的精神,那么这家企业将会充满希望。身为企业管理者,要想员工执行不掉链子,工作不出岔子,完美地掌控全局,就必须不断给员工强调"以结果为导向"的执行态度。为此,管理者要向员工强调两点:

第八章　合理考核是业绩的有力保障

1. 工作不能满足于做了，而要致力于做好

你给下属安排的工作，下属不认真完成，而是敷衍了事，随便应付，满足于"做了"。这样的结果显然不能让你满意。这就好比"做一天和尚撞一天钟"，得过且过，这样的员工不是企业需要的人才。

作为管理者，务必对员工的工作质量提出要求。要让员工明白，工作不能满足于做了，而要致力于做好。比如，当你发现员工的工作不到位、执行不合格时，一定要批评和教导，要求员工进一步把工作完善。如果员工屡教不改，那么在绩效考核时要敢于给"差评"。这样对员工才有震慑力，员工才会明白敷衍了事的后果。

2. 找借口不如找方法，方法永远比困难多

以结果为导向，强调坚定工作目标，坚决达成目标。在这个过程中，员工可能会遇到困难，遭遇挫折，甚至屡次失败。这时，你一定要多鼓励员工振作精神，积极引导员工找方法，帮助员工战胜困难，达成目标。要不断向员工灌输这样一个概念：找借口不如找方法，方法永远比困难多。

曾与一位经营黄豆的商人聊天，我问他：如果黄豆卖不出去怎么办？放久了会变质，那将损失惨重。他说了一番话，让我很受启发。

他说，如果黄豆不好卖，他有三种办法处理：

第一种办法是，将豆子沤成豆瓣，卖豆瓣。如果豆瓣卖不动，腌了，卖豆豉；如果豆豉还卖不出去，加水发酵，改卖酱油。

第二种办法是，将黄豆做成豆腐，卖豆腐。如果豆腐硬了，就改卖豆腐干；如果豆腐稀了，就卖豆腐脑；如果实在太稀了，就卖豆浆。

第三种办法是，让豆子发芽，改卖豆芽。如果豆芽不好卖，让它长大点，改卖豆苗；如果豆苗不好卖，再让它长大点，干脆卖盆栽，命名为"豆蔻年华"。如果还卖不出去，赶紧把豆苗种到地里，灌溉施肥，三个月

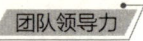

后,又可以收豆子,再拿去卖。

这位商人在解决问题时灵活多变的思路,值得每一位管理者教给员工。如果让员工具备这种工作思路,那么再难的工作,再难的任务,都能执行到位。

二、绩效好薪资就应该高

有一次,在企业管理培训课堂上,一位企业老板提出一个问题:"老师,经常有员工要求公司给他加薪,该不该给他加呢?"

我没有直接回答他,而是反问道:"员工的薪水从哪里来?老板为什么付给员工薪水?"

他回答:"员工的薪水从业绩中来,从企业的利润中来。"

我说:"是的,那给不给他加薪,要看他业绩怎么样。如果他的业绩好,证明他给公司贡献的价值就大,相应的他理应获得更多的薪水。"

"业绩只能算一般,但有些员工在公司干了很长时间,大家在一起很有感情。再说了,没有功劳也有苦劳,不给他们加薪感觉有点对不住他们。"他补充道。

"苦劳有什么用?对公司来说,希望看到的是大家都有功劳,有没有功劳要看业绩,其他的因素都不能代替业绩。"我强调道。

微软公司创始人比尔·盖茨曾说过:"能为公司赚钱的人,才是公司最需要的人。"员工靠什么为公司赚钱?靠能力,靠解决问题,靠取得出

色的业绩。对于这个观点,松下幸之助非常赞同。

有一次,松下幸之助问一名员工:"如果公司付给你1000日元钱的工资,你应该做多少事情才对?"

员工说:"你给我1000日元,我就给你做1000日元的事。"

松下幸之助说:"如果真是这样的话,那么公司要开除你,因为公司给你1000日元钱,你只做1000日元的事,公司一分钱利润都没有,这是在赔钱。所以,公司不会要你的,你自然一分薪水也领不到了。"

身为管理者尤其是企业老板,你不妨算一算各员工给公司创造了多少价值。再对比他们所获得的薪水,看他们是物超所值的人才,还是货次价高的庸才。物超所值的员工才是企业需要的员工,才配得上企业给他们更多的薪水和更高的职位,留住他们,重用他们。

美国惠普公司创始人比尔·休利特和戴夫·帕卡德强调:只有在员工为公司创造出丰厚利润的条件下,他们的奖金和工作才能得到保障。公司只有实现了赢利,才能把赢利拿出来与员工分享。要记住,员工的工资其实就是用业绩兑换的,业绩越好,相应的工资才会越高;业绩糟糕,工资也就屈指可数了。

所以,管理者要让员工明白:绩效有多好,薪资就有多少。这样,员工才有危机感和压力,才会想方设法提高业绩,争取更多的薪水,同时防止自己业绩太糟糕,在竞争中被企业淘汰。为此,管理者要做到以下几点:

1. 取缔无差别的薪酬制度,增加绩效工资的比例

无差别的薪酬制度指的是以往的那种固定化、平均化的薪酬模式。即不看业绩,只看坐班时间,每个人的工资都一样。为什么要取缔这种薪酬制度呢?道理很简单,因为这种薪酬制度会纵容人性的弱点,造成员工"做一天和尚撞一天钟",靠混日子来赚取薪水。这对公司来说是十分危险的。

内蒙古有一家模具工厂，多年以来一直实行无差别的薪酬制度。公司里的员工，按照部门的不同，薪酬略微有所差别，但同一部门的员工，薪酬几乎相同。比如，生产线上的员工，工资一律相同，销售人员拿着固定的工资，干多干少都一样。这极大地打击了优秀员工的积极性，造成优秀员工不断流失。

后来，该工厂老板来到我的管理培训课堂，受益良多。回去后，他取缔了无差别的薪酬制度，重视绩效考核，并提高了绩效工资比例，一下子激活了全体员工的积极性。从此该工厂有了强烈的"多劳多得"的薪酬分配理念，优秀员工享受到高待遇，业绩糟糕的员工混不下去，逐渐被淘汰，企业利润大增。

2. 鼓励团队合作，将团队业绩纳入薪酬核算范围

提高绩效工资的比例，强调员工的个人业绩，有可能导致员工之间恶性竞争。比如，销售人员为了个人业绩，与同事争抢客户；生产部员工为了个人业绩，与同事争抢任务。这会极大地影响团队和谐，削弱团队凝聚力。

在现代企业中，越来越强调团队的作战能力。为了避免员工之间不良竞争，企业在核算薪酬时，应将团队绩效纳入进来。比如，有一家公司在核算薪酬时，将团队业绩作为20%的考核份额，纳入到员工的薪资计算中来，剩下80%的考核份额为员工的个人业绩。通过这种考核方式，不仅可以有效地避免员工为了个人业绩而恶意竞争，造成团队业绩受损，也能加强员工之间的合作。

三、保证绩效考核的客观性和公正性

松下幸之助曾说:"不管有无制度,经营上总是要经常对人进行考核;如果缺少对业绩、能力的制度性考核,我们只能依赖一线监督者的意见做出人事安排,稍有疏忽,稍有不注意就会出现不平、不公,导致不满,损害士气和效率等。所以,有作为的经营者都会采用人事考核制度,努力对员工的能力和业绩做出客观而公正的评价。"

德国著名的箱体系统和技术的供应商威图集团,从1961年创立至今,一直保持强劲的发展势头。这与它在管理方面重视绩效考核有重大关系。威图集团有一套完善的管理机制和客观公正的考核制度。

威图集团针对不同类型的员工,会设定不同的考核标准,确保考核制度的科学性、合理性,从而客观地体现员工为企业所做的贡献,以及工作中存在的不足。考核的标准和内容包括完成的工作量、出勤率、工作态度、加班时间、奖罚情况等等。通过对这些方面的考核,最终确定员工应获得的薪酬。

考核成绩出来后,威图集团会把它公布在一个显眼的公告板上,各员工、各生产小组的绩效成绩和考核结果写得很清楚,员工可以通过这些数据计算出自己的薪酬数额。同时,也能看到别人的薪酬。不仅如此,这个公告板上的考核结果还能让员工明白自己在哪些地方需要改进。

正是因为威图集团多年来一直奉行如此公正客观的考核制度,威图集团也赢得了员工们的大力支持。尽管威图集团的车间众多,但是这种考核制度却十分公正和客观,从而使其在实施的时候也是有条不紊,十分顺利。

威图集团奉行的是"客观而公正"的绩效考核制度,这体现了他们对考核的公平感和公正性的重视,充分体现了对员工的尊重,从而保护了员工的积极性。

石油大王约翰·戴维森·洛克菲勒曾经说过:"公正才是让你的工人为你工作的前提。"然而,现在的很多企业都无法做到公正客观地考核,导致员工产生抱怨和不满,影响员工的积极性,削弱团队凝聚力。这是企业发展的大忌。

那么,怎样才能防止绩效考核有失客观与公正呢?

1. 绩效考核指标要明确、可量化

绩效考核关系到员工的薪酬,关系到公平问题。因此,首先必须保证考核指标明确、可量化。除了不能简单地以学历、资历定薪酬,还应该避免考核指标笼统、宽泛、无法量化。比如,很多企业采用"优""良""中""差"四个级别对员工的绩效进行考核,这些等级就非常抽象。什么样的表现叫"优",什么样的表现叫"差",是否有更具体、更细化的指标呢?如果没有明确、可量化的指标,那么管理者在考核时就很难避免主观评定。这就容易造成考核不公,引起员工不满。

某信息科技公司每个季度都会进行一次绩效考核。有一次,技术员小李的绩效考核成绩被评为B级,他非常不满,找到上司赵经理:"为什么我的绩效考核成绩是 B 级?"上司支支吾吾地说:"因为我觉得你的成绩还达不到 A 级!""你说我业绩达不到 A 级,那 A 级有什么标准?"上司还是说不出个所以然。

据我们团队多年的调查了解,中国很多企业的业绩考核流于形式,最主要的表现就是考核指标笼统、无法量化。怎样才能让考核指标可量化?最好的办法是把笼统的考核标准细化到具体的指标上。比如,"优"有哪些指标?业绩上必须达到什么标准?考勤上要达到什么标准?工作态度上、工作出错率上等等,都有什么具体的标准。通过对这些指标进行考核,最后得出一个量化的数据。这样一来,考核的结果就非常明晰。

2. 任何时候业绩都是考核最硬的指标

任何时候,绩效考核最关键的指标或最硬的指标都是业绩。没有业绩的考核,不叫绩效考核;避开绩效而谈其他的考核,是不能给员工公正感的。

有一家私营公司的一名员工每个月都能出色地完成工作任务,但他有个习惯,那就是下班时间一到,马上收拾东西回家,从来不会在公司多逗留 10 分钟。这一点引起了老板的不满,结果老板在月末的绩效考核中,给了他一个差评。这直接影响了他的收入,让他很不解。他向老板询问原因,得到的回答是:他不够敬业,工作态度有问题……

什么叫敬业?我认为出色地完成工作,这是敬业最好的表现。任何时候,绩效考核最硬的指标都是绩效。没有业绩,一切都是空谈,员工工作态度再好,如果创造不出业绩,有什么用?员工每天下班了还待在公司"假装加班",却完不成工作任务,有什么意义?所以,在确定绩效考核的指标时,要把业绩放在第一位。至于其他方面的指标,可以确定适当的权重,下面有一张绩效考核中各指标的权重表(见表 8-1)。

表8-1 绩效考核中各指标的权重

考核内容	占比	具体指标（针对各岗位特点设定）	得分	绩效总得分所在的等级
工作业绩	70%（个人业绩）			
	10%（团队业绩）			
工作态度	10%			
失误率	5%			
其他	5%（比如，考勤）			

员工签名：＿＿＿＿＿＿＿＿　　日期：＿＿＿＿＿＿＿
部门负责人签名：＿＿＿＿＿＿　　日期：＿＿＿＿＿＿＿

3. 绩效考核要严格按照已定标准进行

无论考核指标多么科学合理，终究是靠人来完成考核。如果考核者不能公平公正地对待考核，对某些员工心存好感，对另外一些员工怀有偏见。那么在考核中，就很容易掺入个人的感情色彩，导致考核时不能严格地遵守考核指标，这样就会导致考核失去公正性。因此，考核人员必须严格落实绩效考核制度。如果发现考核人员心存偏见，造成考核不公，必须予以严惩，以维护考核制度的威信。

四、绩效考核的根本目的是提升绩效

很多管理者认为绩效考核是确定员工薪酬的依据,绩效考核成绩出来,员工的薪酬确定了,绩效考核就完事了。其实,绩效考核之后,还有一项重要的工作要做,那就是绩效面谈。通过绩效面谈,指出员工在工作中的优缺点,指导员工进行绩效改善,从而提高员工的能力和水平,这才是绩效考核的根本目的。

美国微软公司特别重视绩效考核后的面谈和绩效改善。绩效评估之后,管理者和相关负责人会和员工针对绩效成绩面对面沟通,及时指出员工在工作中好的表现,并为员工的进一步发展提出建设性意见,帮助他们有效地改进工作方法,促使员工执行力的提升。

下面是美国某公司的市场部经理与下属约翰森进行的一次绩效面谈,我们来看看在这次绩效面谈中,他们都谈了什么问题,对绩效改善有何帮助。

"约翰森,对于过去一个月的工作业绩,你有什么自我评价?"

"总的来说,上个月的绩效还是比较理想的,我超额完成了工作任务,工作效率挺不错。"

"是这样的，对你的表现我非常欣赏。另外我还注意到，你写的市场调研报告非常精炼、切题。"

"是啊，我一直在这上面努力，"约翰森看上去很开心，"以前我可不是这样的，我对自己的进步感到很高兴。"

"不过另一方面，你的报告里存在一个问题，那就是缺少充分的调研。"

"真是抱歉，我想我已经尽力了！"

"对于市场调研，我有点经验想和你分享一下，应该对你今后会有帮助……"

"哦，我明白了，你的经验真是宝贵的财富，肯定能提高我的调研能力。"约翰回答说，"以后我会注意的，保证做好市场调研工作。"

在绩效面谈中，对于员工的优点，管理者要予以肯定；对于员工的缺点，要提出指导意见，督促员工在接下来的工作中注意规避和改进。这样才可以帮助员工进步，帮你的团队提升执行力，帮你把团队带好。

值得注意的是，在与员工面对面进行绩效评估时，管理者要着眼于员工的绩效改善，具体可以参考以下步骤，如图8-1所示：

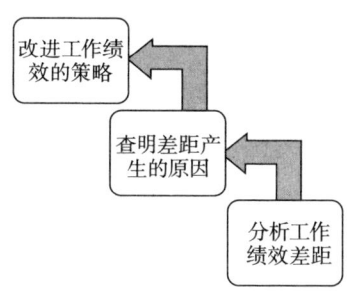

图8-1 绩效改善的三个步骤

1. 分析工作绩效差距

员工的工作绩效好不好，差距有多少，这不能缺少客观的参照物。有了参照物，才能客观地比较，才能找到差距。常用的比较方法有以下几种：

（1）目标比较法。所谓目标比较法，指的是将员工的实际工作表现与绩效计划的目标进行对比，寻求工作绩效的差距和不足。

（2）水平比较法。所谓水平比较法，指的是将员工的实际业绩与上一期的工作业绩进行比较，衡量员工是否有进步或有差距。

（3）横向比较法。所谓横向比较，指的是在各部门或单位间，对各员工的业绩进行比较，找出业绩差距和不足。

2. 查明差距产生的原因

上一步，管理者把员工的业绩差距找出来后，接下来管理者要与员工一起查明其业绩差距产生的原因。记住了，找原因的时候，管理者不要先入为主地下定论，而要充分引导员工去自查，让员工自己找原因，管理者要起到辅助作用。比如，问员工："你认为业绩差距产生的原因有哪些？"然后耐心地引导和倾听员工。

通常来说，管理者可以从以下几个方面去引导或提醒员工找原因：

（1）个人状态：身体状况、工作经验等。

（2）心理条件：心情、态度、积极性等。

（3）外部环境：资源、市场、客户、对手、机遇、挑战等。

（4）内部环境：资源、组织、文化、人力资源制度等。

员工生病了，或新员工经验不足；或失恋了心情不好，或遭遇了挫折态度消极；或外部竞争激烈，竞争对手的促销力度很大，导致本公司的产品销路受阻；或企业内部提供的资源支持有限，导致员工工作难以开展等，这些都可能是业绩差距产生的原因。管理者在帮员工找出这些原因后，一方面要告诫员工：不能把原因当借口；另一方面要积极寻找对策，帮助员工战胜困难，改进工作绩效。

3. 改进工作绩效的策略

差距找到了，原因也找到了，怎样改善绩效呢？这就要求管理者与员工共同制订策略。管理者可以鼓励员工提出改进方案，然后给予正面回应。如果觉得员工的绩效改进方案行不通，可以提出建议，引导员工接受你的建议。只要员工认同了改进策略，那么接下来的绩效改进工作就比较容易展开。

一般来说，绩效改进策略有以下两类：

（1）预防性策略与制止性策略。预防性策略是在工作前告诉员工应该如何去避免犯错。到底怎样才能防止犯错，防止犯同样的错误，管理者可以和员工分享经验和方法。制止性策略是指及时跟踪员工的行为，发现问题后立即纠正。

（2）正向激励策略与负向激励策略。正向激励策略指的是通过鼓励、奖励的手段，刺激员工积极改进绩效。当员工知道自己的不良工作方法改进了，业绩提升了，会获得奖励时，他们会产生较为强烈的行动动机；负向激励策略主要通过惩罚手段，给员工施加压力，让员工明白如果不改进绩效，将会受到怎样的惩罚。

五、在固定的周期内进行绩效考核

对于绩效考核,很多中小企业并不重视,而是看老板的心情。当公司效益好时,老板觉得一切都在掌控之中,往往可能忽视绩效考核的重要性。当老板发现公司生产效益出了问题时,可能会产生危机感。于是,他会把这种危机感传递给全体员工,绩效考核就是传递危机感的一种方式。绩效考核时有时无,难以发挥出应有的约束力和激励作用。

贝兹莫尔是美国一家广告公司的员工。他的老板以前不把绩效考核放在眼里,因为那时候公司依靠他所拥有的资源,在行业保持强劲的实力,效益非常好。可是近几年,由于同行竞争越来越激烈,公司拥有的资源也失去了优势,加之公司长久以来给员工带来的优越感,使得大家在工作上没有更高的自我要求。

这天,老板在公司内部平台上发出公告说,两个月后将进行一次绩效考核。考核不达标者,将受到相应的处罚,严重的还会被解雇。由于考核的指标比较多,员工对照这些标准,发现自己很多方面不达标,于是大家拼命地"补",想顺利通过考核。

两个月后考核结束后,大多数员工的业绩都达标了,老板也从这次考核中找到了心理安慰。在随后的半年中,考核中断了。半年之后,老板又决定考核,理由是他发现员工工作积极性不高。在这种不间断的考核中,员工是整天提心吊胆,而且为了考核而弄虚作假的现象比较严重,考核带给员工和企业的帮助非常有限。

绩效考核是一项常态性的工作,而不是突击检查。当管理者把绩效考核变成突击检查时,意味着他对企业失去了控制力,对员工的业绩失去了掌控。因为试图通过不间断的几次考核,就能激励员工的积极性,提升员工的执行力,增强企业的效益是不可能的。所以,企业应该把绩效考核变成常态化的工作,在固定的周期内进行绩效考核。

所谓固定周期,指的是多长时间考核一次。周期太短,会加大考核人员的压力,增加企业管理的成本;周期太长,又会降低绩效考核的准确性,降低绩效考核对员工的激励性,不利于员工改进工作绩效,影响绩效管理的效果。因此,企业必须设定恰当的考核周期。

1. 根据企业的实际情况设定考核周期

一般来说,企业的绩效考核周期可分为月度考核、季度考核、半年度考核和年度考核。当然,根据企业行业属性的不同,在一些特殊的企业,还会采取按周和按项目来进行绩效考核。

接下来,我们就针对常规性的月度考核、季度考核、半年度考核和年度考核,分析各种考核周期的优缺点(如表8-2所示),以便管理者对照本企业的实际情况去设定适合自己的考核周期。

表8-2 四种常规周期的绩效考核对比

四种常规周期的绩效考核对比			
考核周期	适用对象	优点	缺点
月度考核	基层员工	配合绩效工资的发放,能有效地激励员工	加大考核部门和考核人员的工作量;还会导致员工重视短期利益,忽视个人的长远发展

续表

季度考核	基层员工和基层管理者	避免了考核压力过大,又能起到激励员工的作用	对于某些岗位,如营销岗位而言,三个月周期太长,不能很好的起到响应市场的作用。
半年考核	中高层管理人员	减少了考核部门和考核人员的工作量	不利于对被考核者进行有效的监督
年度考核	全体员工	年度考核是对员工一年工作的检查和总结	全年的绩效放在年末进行考核,工作量较大,而且不能准确地反映全年员工的绩效表现

2. 设定绩效考核周期需要考虑的因素

设定绩效考核周期时,需要考虑以下两个因素:

(1) 职位的性质。不同的职位,其工作内容是不同的,因此绩效考核的周期也应该有所不同。

对生产人员的绩效考核,由于生产周期比较短,一批次的产品只要几天或一周时间就可以完成。在这种情况下,考核的关键点是质量、成本和交货期等,考核的周期可以设定为周或月度,这样有利于及时奖励。

对销售人员的绩效考核,主要围绕销售额、回款率、利润率、客户满意度等指标进行考核。这些指标的收集一般以月为周期进行,所以对销售人员可进行月度考核。当然,不同行业的销售成单时间不同,一般而言,B2B 的商业模式销售周期较长,考核的周期也应该相应延长。

对研发人员的绩效考核,可以按照固定周期或按照项目类型进行。对于大型项目的业务模式,且周期比较长,可以按照时间节点和交付成果进行考核。对于某一阶段的考核周期,不一定能按照月或季度来考核,只有等项目产生了符合标准的成果,才能算一个考核周期。

另外,在整个项目结束后,要进行综合考核。如果项目不大,周期不长,员工可以同时兼顾多个项目,项目周期又在半年之内。可以综合多个项目的完成情况,对员工设定以季度或半年为期限的考核。

对管理人员的绩效考核，本质上是对整个公司、部门和团队的业绩完成和管理状况进行考核。由于管理人员要对公司的战略实施负责，短期内难见成效。因此，可将对中层管理人员的考核周期设定为半年，将对高层管理人员的考核周期设定为一年。

当然，是否一定要按照以上介绍的方法去设定考核周期，管理者还可以根据公司的实际情况来考虑。对于规模较小的公司，由于公司层级不多，高层也容易了解员工的情况，建议采取统一的考核周期。对于规模较大的公司，可以按照不同序列设定不同的考核周期。

（2）指标的性质。不同的绩效指标，其性质是不同的。因此，在设定绩效考核周期时，应该根据不同的绩效指标设定考核周期。一般来说，指标的性质稳定，考核的周期相对就长一点；相反，考核周期相对就要短一些。

六、把晋升和降职纳入绩效奖惩制度

在企业管理中，当员工创造出优秀的业绩，展现出突出的能力，并且这种能力足以胜任更高的职位时，管理者应该给他晋升的机会。同样，当一名管理者所带领的团队业绩糟糕，并且经过一段时间的考察，发现他不具备合格的管理能力时，企业也有必要对他进行降职处罚，让更适合的人接替他的职位。

如果把企业比作一潭深水，那么晋升和降职就是管理者往水里扔的石头，通过不断溅起水花，把这潭死水变活。这不但可以给大家带来激励和危机感，而且还能起到筛选人才，重用人才的作用，是管理者完美掌控团队的有效手段，对企业发展具有重要的意义。

川岛是日本田川公司的情报科长，有一次，他向公司提供了错误的市场情报，导致公司决策出错，使公司蒙受了重大的损失。这是非常严重的错误，总经理特意召开会议，商讨挽救错误的办法，想把公司的损失降至最低。

经过长时间的讨论，大家最终商定了一个挽救方案。但是，公司很多中高层管理者对川岛所犯的错误仍耿耿于怀。有的人表示应该给川岛处罚，甚至应该撤销他的情报科长的职位。但有的人表示，应该给川岛戴罪立功的机会，因为川岛在这个职位上一直表现不错，以前的成绩很突出。总经理田川一言不发，听完大家的发言就宣布会议结束。

会后，田川把川岛找来，提醒他从错误中反省，同时鼓励他继续努力。接着，又派给他一项任务，让他出访印度，调研印度市场对其公司某款产品的欢迎程度。川岛在半个月的时间里，调研了几个大城市的市场，还了解了印度政府和地方政府的贸易政策。回国后，他给田川提供了非常全面的市场情报。依靠这些情报，田川做出了一项关系到企业命运的重大决策。决策落实后，田川公司获得了巨大的盈利。

在表彰大会上，田川充分肯定了川岛的市场调研能力。他说："事实证明，川岛是个称职的情报科长，上次的错误是个意外。所以，今后大家还需多多支持川岛的工作，配合他做好各项工作。"

田川还说："这次川岛给公司做了很大的贡献，原本应该嘉奖他、提拔他，但鉴于上次他提供的错误情报导致公司受损，那次本应该给他降职处分的。因此，通过抵消，不升他的职，也不降他的职。"田川发言完毕，全场掌声雷动。

对于总经理田川的决定，川岛心服口服，心中的一块大石头也就此落地。经历了这件事后，川岛对总经理既佩服又感激，在之后的工作中加倍努力，同时严格要求自己，为公司做出了更大的贡献。

试想，如果田川因川岛的一次工作失误，就给他降职处分，川岛内心一定会不好受。虽然他知道自己有错在先，但难免会觉得管理者太狭隘，对他没有包容之心。聪明的田川没有立即降他的职，而是继续信任他，给他戴罪立功的机会。结果，川岛用实际行动证明了自己。如此，功过抵消，既没有损害公司奖惩制度的威信，也没有抹杀下属的业绩，让人心服口服。

值得注意的是，晋升激励的运用要讲究方法，因为如果运用得不好，非但无法产生积极的作用，反而会搅乱整个企业的管理系统，打乱整个企业的领导班子，还会造成员工强烈的不满，甚至直接逼走优秀员工。因此，把晋升和降职纳入绩效奖惩制度时，需要注意以下几点：

1. 在晋升奖励之前加个"试用期"

新人入职都有一个试用期，目的是考察新人的能力。如果新人的表现能够满足企业的要求，就会获得留用机会。反之，就会被企业辞退。这样可以有效地降低企业用人风险和用人成本，帮管理者更好地掌控企业的人才团队。

职位晋升作为奖励员工的一种有效手段，在具体实施时，也应该利用"试用期"来考察员工是否具备胜任更高职位的能力（如图8-2所示）。比如，给要晋升的员工安排更高层次的工作，以考验其能力。

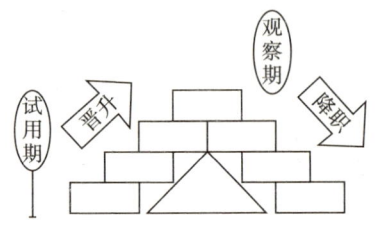

图8-2　晋升奖励与降职处罚的讲究

卡罗·道恩斯在美国通用汽车公司工作半年后，他想知道公司总裁杜兰特对他工作的评价，就写信给杜兰特，并表达了希望获得更重要的职位的想法。

杜兰特综合道恩斯半年内的突出表现，决定提拔他担任更高的职位。但是他没有立即下达提拔命令，而是让他负责监督新厂机器的安装工作。道恩斯从未接触过这方面的工作，没有任何经验，但他还是自信地接受了任务。经过一番尝试和努力，他圆满地完成了任务，这让杜兰特十分满意。结果，他被晋升为新厂的总经理。

在这个案例中,杜兰特就是通过试用期来考察被晋升者道恩斯,这种晋升叫"非正式晋升",即不正式授予职务,但是让下属负责某项职务的实际责任。

要注意的是,在决定晋升某个优秀员工时,除了考核要达到晋升后的岗位的绩效标准,这名员工还应具备胜任晋升职位的管理能力。比如,从一名普通员工晋升为主管,要求的不只是员工的工作能力,还要求员工有管理才能。这是管理者在对人才进行晋升激励时要重视的问题。因此,管理者在试用期内最好给员工管理团队的机会,以考察其管理水平。

2. 在降职处罚之前加个"观察期"

在前文案例中,总经理田川在打算处罚川岛时,没有立即下达处罚命令,而是继续信任川岛,委派他重要任务,给他戴罪立功的机会。这个过程就是为了深入考察川岛的能力,以防因为川岛一次工作失误,造成管理人才流失。结果证明,这个考察是很有意义的。

这种推后降职的做法,就相当于在降职处罚之前加了个"考察期"(如图8-2所示)。这个考察期表达了管理者对下属所犯错误的包容,以及对下属能力的信任和期待。这会让员工感到尊重,从而带着一份感激之情去工作。如果下属在观察期内表现突出,证明他能够胜任原职位,那么,可以免去降职处罚。如果下属在观察期内表现依然糟糕,那管理者再对其进行降职处罚也不晚。

3. 做好被降职者的情绪安抚工作

能够被降职的人肯定不是普通员工,而是中高层管理者。对于这类管理人士来说,被公司降职处分,是一种很受打击的事情。这不仅会伤害他们的自尊心,还可能激起人们的不满情绪。因此,在做出降职处罚决定时,管理者要做好被降职者的情绪安抚工作。比如,与对方坦诚地交谈,指出他的优势和不足,鼓励他再接再厉,把自己的职位"争取"回来。

第九章
打造超凝聚力的狼性团队

古话说得好："兄弟同心，其利断金。"对企业来说，凝聚力就是战斗力，就是竞争的硬实力。有了超强的凝聚力，企业才具备了打胜仗的保证。管理者应努力打造超凝聚力的狼性团队，从而实现对团队的完美控场。

一、目标和利益是人心最好的黏合剂

哈佛大学领导力博士海菲兹曾经说过:"一个好的团队,它的能量源自于三个'凝聚',即凝聚梦想、凝聚价值观、凝聚痛苦。"那么,用什么来实现这三个目标的凝聚呢?我们不妨来看看中国著名企业家、投资家,曾任联想控股有限公司董事长的柳传志是怎么回答的。

柳传志在被问到"联想大家庭靠什么凝聚"时说:"用什么力量把大家团结在一个企业里做事?亲情文化还是企业使命?我觉得企业目标与企业利益是第一位的,这一原则之下,可以发展同志加朋友的情谊。"

要想打造团队凝聚力,提升对企业的完美控场,管理者就必须强调企业目标,强调团队利益,要让员工明白:如果一个团队无法实现共同的目标,无法获得整体的利益,员工的利益就得不到保障。

杰克·韦尔奇曾说过:"鉴别一个团队是平凡还是一流,就看他有没有一个明确的目标,而且这个目标还要让大家都兴奋。"这一点在沃尔玛的发展历程中就有典型体现。

三十多年前,零售业巨头沃尔玛曾制定了十亿美元的年度销售目标。二十多年前,沃尔玛的年度销售目标已经超过了千亿美元。为了达到这些目标,沃尔玛用"Beat Yesterday(超过昨天)"图表,把今天的工作成果与一周前、一年前的工作成果作比较,从而不断提高执行力,最终实现了艰巨的目标。

要想粘合团队人心,只有团队目标是不行的,还必须在实现目标后,与团队人员分享利益。在这一点上,沃尔玛依然表现突出。它有一条成功的经营管理经验,那就是和大家分享利益,把大家当成合作伙伴对待。这样才会唤起大家对企业的真心相待,最终迸发出强大的团队凝聚力。

SAS是全球最大的软件公司之一,是全球商业智能和分析软件与服务领袖。有人曾问SAS的员工:"为什么公司的人员流动率那么低?"得到的回答是:"我们在这里享受到了独特的奖金,在工作中,公司为我们提供了现金和设备;在承担的项目中,我们可以享受很多有吸引力的奖金政策;在与同事共事时,大家相互配合,相处愉快……"

靠着物质奖励和精神奖励,SAS在全体成员的齐心协力下保持着高速度的发展。SAS总裁表示,员工们的积极性很高,大家都有自主的工作意识,甚至很多员工还有忘我的工作精神,这让公司十分欣慰。

商场如战场,企业在激烈的竞争中能够不断地发展壮大,财源也会滚滚而来。这时优秀的管理者不会忘记全体成员的付出,他们会积极与大家分享利益。正所谓"财聚人聚",懂得分享利益,才能充分黏合人心,继而实现对团队的完美控场。反之,没有利益分享的团队,早晚会人心离散,分崩离析。

那么,怎样用目标和利益黏合人心,提升团队的凝聚力,实现对团队的完美控场呢?

1. 目标要与员工紧密相关

很多管理者对我说:"我们公司有目标,为什么不能激励大家为目标奋斗?"我总是告诉他们,这要看这个目标是怎么定的?如果这个目标只是一个口号,没有细化分解到人,那么员工感受不到目标带给自己的压力和动力,他们怎么会为目标奋斗呢?有些企业有宏伟远大的目标,但员工却提不起精神,因为员工觉得这个目标与他们无关。

举个简单例子,A 和 B 都喜欢女孩 C,他们都对 C 展开了疯狂的追求。A 对 C 说:"我有 80 万存款,100 万的房子,30 万的汽车,我一年收入 50 万,你跟我吧。"B 对 C 说:"我有 50 万存款,只要你跟我结婚,钱都归你管;我有 20 万的车,但是车给你用;虽然房子不大,但是只要你跟了我,房产证一定加上你的名字;虽然一年收入只有 30 万,但是我会努力的。不仅对你感情专一,更要让你生活越来越幸福。"最后 C 选择了 B,因为她觉得 B 靠谱。为什么觉得 B 靠谱?因为 B 所说的能与 C 产生紧密的关系。

所以,如果你希望企业目标与员工紧密相关,一定要把目标分解到每个人身上。比如,销售团队的年目标是 5000 万,分解到 50 名销售员身上,每人完成 100 万的销售目标;分解到 12 个月,每个人每个月的销售目标是 8 万多。这样一来,员工每个月都要为完成这个目标而努力。当大家都积极去完成目标时,企业目标就容易实现。

2. 给员工实实在在的利益

俗话说:"要想牛干活,就得让牛先吃草。"要赢得员工的心,最有诚意的做法是给员工实实在在的利益。一般来说,企业要给员工以下五种利益,如图 9-1 所示:

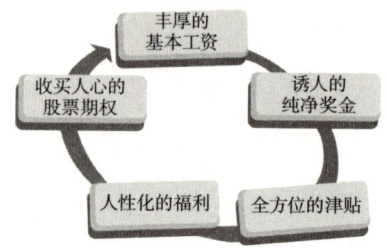

图9-1 企业要给员工的五种利益

（1）丰厚的基本工资。基本工资是员工的劳动所得，如果企业给员工丰厚的基本工资，将会给员工更强烈的安全感。这不仅有利于吸引人才、留住人才，还更容易激励员工努力工作。企业在给员工定基本工资时，要综合考虑员工的期望、同行的水平、公司的实力这三个因素。在公司实力允许的范围内，给员工比同行略高又能满足员工期望的工资水平，是最理想的状况。

（2）诱人的绩效奖金。绩效奖金是对基本工资的有效补充，绩效奖金将员工的收入、个人贡献和企业的效益紧密联系在一起，绩效奖金的比例越高，越能激励员工为提高业绩而努力。通俗地讲，绩效奖金就是"多劳多得，少劳少得，不劳不得"，这样可以保护勤奋员工的热情，让他们获得更多奖金，让懒惰的员工无法滥竽充数。

（3）全方位的津贴。津贴指的是针对特殊的工作环境和工作性质的员工给予的物质补偿。比如，员工经常出差，应该给予出差补贴、外派补贴，业务员电话费很多，应给予话费补贴、交通费等等。

虽然津贴的数额不大，但如果企业给员工全方位的津贴，能够让员工感受到企业的人性化关怀，将大大增强员工对企业的归属感。比如，在大城市工作的员工，租房支出费用较高，如果公司在住房方面给员工一定的补贴，可以大大增强公司的人情味。

（4）人性化的福利。所谓福利，是指工资、津贴之外的各种实物、服务等好处。比如，免费工作餐、带薪假期、旅游、教育培训、探亲假期、年假等，这些都是福利的重要组成部分。还有医疗保险、养老保险等，这些福利对提升团队的凝聚力，增强员工的归属感十分有益。

（5）收买人心的股票期权。如今，合伙人制度盛行，很多企业顺应潮流，通过给优秀员工股权期权，以激励和留住人才。据美国《财富》杂志调查发现，世界500强企业中，89%的公司对高级管理人员实行了这项奖励制度。比如，迪士尼公司的总裁艾斯纳，每年的薪水加奖金大概为500多万美元，但是股票期权带给他的财富高达五亿多美元。因此，你不妨考虑对优秀的管理人才和优秀员工采取股票期权激励，使他们长久地为公司效力。

二、合理配置人才，保证团队效率最大化

金无足赤，人无完人。你的团队里肯定没有十全十美的人才，也没有一无是处的员工，要想激发团队凝聚力和战斗力，关键在于合理地配置人才，促使各成员之间优势互补，产生更好的化学反应，达成团队的目标。

房子着火了，屋内有三个人，分别是瞎子、瘸子、哑巴。为了逃出火海，三人实现了一次完美的合作：哑巴背着瘸子在前面走，瞎子拉着瘸子跟在后面。很快，他们就顺利逃出了火海。这就是合理搭配人才所产生的合作效应。如果三人没有配合好，很可能各自逃窜，最终葬身火海。

身为管理者，应该认识到：任何一个有凝聚力、战斗力的团队，更多的是依赖于人才的合理搭配。如果人才搭配不合理，彼此之间就无法实现优势互补和默契合作，最终会影响团队的高效运转。

这一点在 NBA 球队就有体现，有些球队拥有多名全明星球员，但彼此之间无法产生化学反应，经常被弱队战胜。反之，有些球队没有全明星球员，但教练合理地使用球员，使得彼此间优势互补，产生了"1＋1＞2"

的良好效果,往往能战胜强队。

杰克·韦尔奇曾说过:"我的工作是为最优秀的职员提供最广阔的机会,同时最合理地分配资金,传达思想,分配资源,然后让开道路。这就是全部。"没错,管理者最大的任务就是合理地分配工作任务、科学地搭配人才,让团队发挥最大的合力。

在合理搭配人才,优化团队组合时,管理者应注意以下几个人才搭配策略,如图9-2所示:

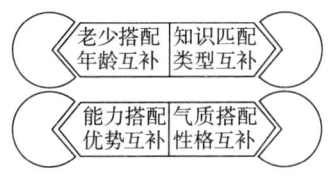

图9-2 合理搭配人才的策略

1. 老少搭配,年龄互补

一个理想的团队应该由不同年龄段的成员组成,青年人、中年人、年长者都应该有,而且青年居多,中年其次,年长者较少,形成一个"金字塔型"的人才梯队(如图9-3所示):

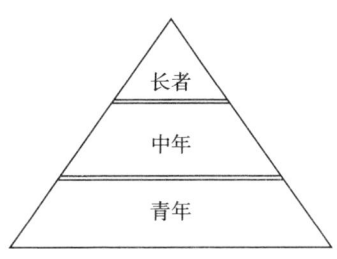

图9-3 金字塔型的人才梯队

在这样的团队中,年长者有沉稳的气质和丰富的经验,中年人有足够的理智、成熟和智慧,年轻人有旺盛的精力。三者融合在一起,能使团队实力有飞跃性提升。在这方面,有个很典型的例子:

曾有五位诺贝尔奖获得者组成一个团队,一起研究超导微管理论的创

立问题,但是最终失败了。后来,这个问题被另外三人攻克了。他们分别是巴丁、康柏和施里弗。

巴丁年长,拥有丰富的知识和经验,他负责把握大方向;康柏人到中年,思维敏捷、见多识广;施里弗年轻,善于创新,干劲十足。这三个人的组合,完美地实现了年龄互补,充分发挥出了团队的执行力。

2. 知识匹配,类型互补

不同专业知识的人才组合在一起,实现默契的配合。现代企业的生产经营,离不开知识和技术,而且竞争越激烈,知识的更新换代越快。因此,团队里最好拥有具备各方面知识的人才,这样大家在一起,就可以实现不同知识类型的互补。

3. 能力搭配,优势互补

团队里有的人能力大,有的人能力小,大家组合在一起,可以实现优势互补。能力大的人,可以承担较为重要的职责,负责组织、决策等工作;能力小的人,可以承担执行的职责。大家各司其职,确保都在做自己擅长的事,同时又相互配合。这样的团队就能迸发出强大的战斗力。

4. 气质搭配,性格互补

气质是指人的脾气、性格、秉性、习惯等,有的人内敛,有的人外向;有的人文静,有的人泼辣;有的人沉默,有的人健谈;有的人平和,有的人急躁;有的人不修边幅,有的人衣冠楚楚。

每个人都有其独特的气质,不同气质的人组合在一起,会产生不同的合作效果。比如,健谈者适合搞销售、搞外联工作、组织协调工作;内敛者适合做办公室工作、设计工作、策划工作等等。

反之,如果团队里都是急躁的成员,那么在一起共事就容易发生矛盾,也容易盲目行事。如果团队里都是沉默的成员,那么团队的氛围就会非常沉闷，而且会因为缺少健谈者，造成很多需要对外洽谈的工作无法开展。因此，管理者要确保团队成员有多种不同的气质，而且在委派具体的工作任务时，还要考虑执行者之间的气质匹配问题，这样才能最大化地释放团队的力量。

三、美好的愿景更能唤起大家的激情

优秀的企业应该是什么样的？每当谈到这个问题时，我都会明确地告诉大家："优秀的企业应该以创始人的愿景为出发点，铺设出一条直抵目的地的路径。"对于企业来说，美好的愿景是最核心的东西。

所谓企业愿景，指的是根据企业现有阶段经营与管理发展的需要，对企业未来发展方向的一种期望、一种预测、一种定位。企业愿景体现了创始人的立场和信仰，是企业最高管理者对企业未来的设想。是对"我们代表什么"、"我们希望成为怎样的企业"的永久性回答和承诺。

世界上最大的在线音乐公司之一——潘朵拉（Pandora），其愿景是将艺术家与粉丝紧密连接在一起，并且帮助人们找出最新的音乐。在创业初期，潘朵拉公司的创始人蒂姆·韦斯特格伦（Tim Westergren）兜里没钱，但为了留住团队的 50 名员工，他跟大家讲了两段很有魔力的话，使得这 50 名员工不要工资，也愿意死心塌地地跟着他一起干下去。下面，我们就来看看这两段话，到底有何魔力？

"我们都知道，我们已经创造出来了一款独一无二的产品，它能完美解决一个非常重大的问题。在这个世界上,从来没有人做过这样的事。其实当我们在使用我们所开发的产品,我们都知道它是多么具有魔力,而这样的魔力最终肯定会找到归宿。"

"这个世界上,没有人不爱音乐,上百万的音乐人每天都在制造最美妙的音符,但是他们相互之间却不知道彼此的存在。当我们的产品最终找到落脚点的时候,整个音乐界的文化会因我们而发生天翻覆地的变化。试问你自己,这辈子你能有几次机会碰上眼前这样的契机?"

通过这两段话,蒂姆·韦斯特格伦和 50 名员工分享了企业的美好愿景,在这个愿景的感召下,员工找到了自身存在的价值。由此产生了强烈的使命感。这种使命感强烈到他们可以放弃工资,怀着一腔热血去奋斗。这就是愿景在完美控场方面的巨大魔力。

已故的苹果公司创始人史蒂夫·乔布斯,就是一个善于利用愿景来实现对企业完美控场的高手。他在 2001 年时,就开始向全体员工和大众分享愿景,并将其描绘成这样一幅美好的景象:

"苹果将会成为人们数字生活的中心,手机、音乐播放器等新的数字技术产品将会以爆炸般的速度风靡世界,苹果会坚持创新,给用户带来一种最愉悦的使用体验,并将软件、硬件和设计完美地结合在一起,填补科技与艺术、理性与感性之间的鸿沟。我们将是这个产业里最后一个能这样做的人。这也是真正的我们。"

在当时,微软、诺基亚等公司正处于浪潮之巅,苹果还是一个默默无闻的公司。当时很多人建议乔布斯和苹果公司模仿微软、诺基亚,但乔布斯坚持自己的经营理念。通过不断向员工描绘美好的愿景,他把这种坚信力传递给了全体员工,使每个人爆发出一股强大的能量,为实现企业的愿景而倾尽所能。

如今,苹果公司的愿景已经实现了,人们疯狂地购买苹果手机、音乐播放器、平板电脑,并以成为苹果产品的用户为荣。事实上,这比乔布斯当初设想的公司愿景更乐观。

向员工描绘愿景是管理者实现对企业完美掌控的重要控场技巧之一，其核心在于吸引。也就是说，通过描绘企业愿景和未来蓝图，达到深深吸引员工的目的，从而实现对员工思想的支配和行动力的激发，使大家为了企业愿景而奋斗。

那么，管理者怎样跟员工分享愿景呢？我有以下四点建议，如图9-4所示：

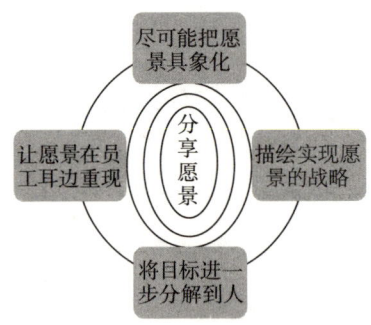

图9-4　分享愿景的四点建议

1. 尽可能把愿景具象化

企业愿景描绘得越清晰，越能在员工头脑中留下印记。例如，你最好对员工说："我们公司将来要在全世界的各个角落开设分公司，无论是美国还是德国，甚至是南美洲。"而不要说："我们要成为市场占有率第一的公司！"因为前一种描述更具象化，即具体、形象，容易被记忆。

在描述企业愿景时，管理者务必要说清楚三个问题：

（1）我们的企业是什么？即定位企业。

（2）我们将要到哪里去？即目的地，目标。

（3）我们未来是什么样的？即最终的蓝图。

通过对这三个问题的回答，一个具象化的企业愿景就出来了。

2. 描绘实现愿景的战略

盖大楼需要图纸，实现企业愿景也需要图纸，这张图纸就是企业的发展战略。作为管理者，你要把企业愿景的战略事先告诉员工。当然，你没必要说得那么细致，但你要向大家传递一个信息："我已经对实现企业愿景胸有成竹了，只要大家听我的，就能实现这个愿景，大家把心放肚子里，脚踏实地地跟着我干吧！"

那么，怎样才能向大家传递一个大概的战略呢？我建议管理者把企业愿景切分为多个中长期目标。在企业发展的不同时期，为企业设定相应的发展目标。比如制定五年计划、十年计划，通过不断实现这些目标，企业就可以一步步靠近愿景。

3. 将目标进一步分解到人

当你清晰地描绘出一个美好的愿景后，员工可能会在心里问："这和我有什么关系？"这时你应该用肯定的语气回答每个员工心中的疑问，你要告诉他们：如果愿景实现了，公司会与每个人分享多少利益。这些利益包括薪酬、福利、职位、股票期权，以及更棒的办公环境等。

做到这一点还不够，你还必须把中长期目标分解到每个年度，再分解到各人，再由各人分解到各月度。这样中长期目标就会变成一个个操作性极强的任务，它们散落在公司发展的时间轴上，每一个目标的责任人是谁，大家心里都很清楚。

4. 让愿景在员工耳边重现

向员工描绘愿景，是一个长期的、持续性的任务，你应该把它挂在嘴边，不断重复，不断强化员工对愿景的印记。你也可以把愿景写出来，放在公司明显的位置。你还可以把愿景印在公司的员工手册的封面或封底上，让每个员工都能看到它。总之，你要让愿景不断在员工眼前、耳边重现，让员工时刻牢记愿景。

团队领导力

四、定期给员工继续学习和成长的机会

企业之间的竞争,终究是人才的竞争。要想拥有优秀的人才,不能只靠招聘,还必须给员工继续学习和成长的机会。在如今这个信息大爆炸的年代,知识、技术快速更迭,这也决定了企业必须重视员工培训。这样才能不断提升员工队伍的能力和素质,提升企业的整体竞争力。

全世界有六个迪士尼乐园,在这六个迪士尼乐园中,经营最成功、生意最好的是位于日本东京的迪士尼乐园。它一年接待的游客最高纪录达到了1700万人,其中很多游客是回头客。为什么东京迪士尼乐园如此成功?这与其管理者重视员工培训分不开。

在东京迪士尼乐园,有些扫地的员工是暑假工作的学生,虽然他们只工作暑假两个月,但是公司却要对他们进行三天的培训。培训内容包括学习扫地、学习照相、学习辨识方向、学习抱小孩以及包尿不湿等。

为什么培训内容细化到如此细小的工作上呢?因为这是迪士尼员工经常要做的工作,任何的执行不到位,都可能给游客留下不好的印象。以照相为例,游客经常会叫工作人员帮忙照相,他们可能使用世界上最新款的

照相机。如果员工不会照相，就不能照顾到游客。所以，在培训时，东京迪士尼公司会提供世界上最先进的照相机，用来培训员工的照相技术。

再以包尿不湿为例，游客经常一家来游玩，很可能带幼小的孩子。有时候游客会让工作人员帮忙抱一抱孩子，甚至会让工作人员帮小孩换尿不湿。如果员工抱孩子的动作不规范，或换尿不湿换不好，不但无法帮到游客，还会给游客添麻烦。

通过以上培训，可以确保员工有能力帮到游客，带给游客贴心的服务。这样游客就会对东京迪士尼乐园产生更好的印象，从而增加他们再次前来游玩的可能性。

东京迪士尼乐园对待暑期工都如此重视培训，对待正式员工就更不用说了。每年公司都会给员工多次"充电"的机会，旨在把企业打造成一个学习型组织，使团队变得更加专业，服务更加贴心。这就是东京迪士尼乐园每年都能吸引数以千万计游客的原因。

每个员工都是带着梦想进入公司的，他们不仅希望通过工作赚取薪酬，还希望在公司得到继续学习和成长的机会。作为企业，不能指望员工用现有的知识、技术、能力去为企业创造持续不断的价值。而应该认识到员工的知识可能会陈旧、技术可能会落后、能力可能会不进则退，因此要定期给大家提供再学习的机会。

企业重视员工培训，最终受益的还是企业。早在20世纪80年代，电讯巨头摩托罗拉公司就做过一次调查，结果显示：每一美元的培训费用，在未来三年内将实现约40美元的效益回报。著名企业管理学教授沃伦·本尼斯曾说过："员工培训是企业风险最小、收益最大的战略性投资。"可见，重视培训员工对企业发展的重要意义。

对企业来说，至少应该给员工以下三种培训机会：

1. 每年定期的培训

企业竞争如逆水行舟，不进则退。因此，管理者应该制定企业培训制度，每年定期为全体员工提供1~3次培训机会。在这一点上，美国宝洁公司就做得很好。

宝洁公司的前董事长理查德·杜普利（Richard Dupree）曾经说过："如果把宝洁公司的人才带走，把宝洁公司的资金、厂房以及品牌留下，那么宝洁公司会垮掉；相反，如果把宝洁公司的人才留下，把宝洁公司的资金、厂房以及品牌拿走，十年之内，宝洁公司将会复兴。"

为什么宝洁公司有如此底气呢？因为他们有完善的员工培训制度，给员工提供了良好的学习平台，以此增强员工的凝聚力和战斗力。所以，他们相信公司只要有人才，就能够快速复兴，在竞争中站稳脚跟。

宝洁公司每年都会拿出一笔巨额资金用于人才培训。培训的方式多种多样，比如，请专家名师来企业授课，或让公司管理者对员工进行"一对一"、"一对多"的指导，甚至会组织优秀的人才去海外进修。这些做法为宝洁公司培养了大批优秀的人才，并增强了团队的凝聚力，这就是宝洁公司长盛不衰的关键因素之一。

2. 晋升后的职能培训

在企业管理过程中，人才的晋升是一种有效的人才激励措施。当员工从低一级晋升到高一级的职位后，他的能力、素质可能不能完全满足新职位的要求。为了帮助晋升者更好地胜任新职位，企业应重视人才晋升后的职能培训。

在全球快餐巨头麦当劳公司，有超过75%的餐厅经理、50%以上的中高阶主管以及30%以上的加盟经营者，都是从计时员开始接受培训的，然后一步一步成长为公司的中坚人才。在通用公司，仅杰克·韦尔奇担任CEO的20年内，就培训过公司中高级管理人员超2.7万人。通过培训，这些人员为公司的发展做出了巨大的贡献。

3. 给特殊人才量身打造培训

周年茂是李嘉诚事业帝国中的一名得力帮手。当年，他在学生时代就展露了过人的才华,李嘉诚慧眼识人,将其作为长实集团未来的专业人才来对待,将其送到国外进修法律专业。学成回来后,周年茂进入长实集团,被李嘉诚指定为公司发言人。两年后,他被选为长实集团的董事。

在企业发展过程中,对于特殊的优秀人才,企业有必要为其量身打造培训计划,这样不仅有利于留住人才,还能帮助人才更好地完善自己,从而为企业发展创造价值。

五、塑造"以奋斗者为本"的企业文化

文化是一家企业的灵魂。有一项针对"影响美国企业最重要的因素"的研究,结论是:一个特定的企业文化决定了企业绩效。因此,我经常在管理课堂上强调:企业短期发展靠运气,中期发展靠管理,长期发展靠文化。

怎样的企业文化才是最佳的呢?其实这个问题没有标准答案,但企业作为商业性组织,不赚钱的企业就是"耍流氓"。因此,我推荐"以奋斗者为本"的企业文化。

熟悉华为的人可能知道,"以奋斗者为本"是华为集团总裁任正非提出来的,它的内涵是推崇艰苦奋斗、积极上进的工作精神,绝不亏待团队内的奋斗者,从而激励更多的员工奋发图强。

从1987年创办以来,华为在30多年里不断发展壮大,成为世界通信设备产业的领先企业。很多人都在好奇:华为到底凭借什么在世界高科技领域后来者居上?

对于这个问题,华为公司曾出台了一部《以奋斗者为本:华为公司人

力资源管理纲要》,里面明确回答了华为后来居上的原因——以客户为中心,以奋斗者为本,鼓励员工艰苦奋斗。

众所周知,在关于华为企业文化的文章中,"狼文化"一词频繁出现。"狼文化"主要表现为团结、合作、拼搏、耐力以及狼性的灵敏,但这并非华为快速崛起的全部。在华为人看来,企业文化更核心的是艰苦奋斗、创新精神、危机意识等以奋斗者为本的概念。

20世纪90年代末,中国的电信设备市场整体发展已经放缓,加上国家政策、技术的局限,国内市场的饱和是必然的趋势。与此同时,世界移动通信与宽带网络市场前景巨大。这个时候如果死守国内市场,必然会遭遇重重阻碍,强烈的危机意识和奋斗精神使华为决定开拓海外市场。

任正非提出,在2010年左右要将海外市场的销售额做到2000亿元。这个目标在当时看简直是痴人说梦。然而,今天回过头去看,华为的员工不禁感叹任正非的敏锐嗅觉和对未来趋势的判断。

华为拒绝坐以待毙,积极开拓海外市场,这体现了华为的奋斗精神,体现了以奋斗为本的企业生存文化。这就是华为的核心价值观,这种企业文化使得华为集团几十年来一直保持进步,不断壮大。

那么,怎样让"以奋斗者为本"的企业文化落地呢?管理者要明确两点:

1. 准确地定义"奋斗"

谈到"以奋斗者为本",那么就不可避免地谈到"什么是奋斗"。所谓奋斗,指的是一种不自满、求上进的精神。以奋斗者为本的企业文化,体现的是以奋斗精神为本,要求企业不满足于现状,积极思变求发展。

在植物学里,有一个"顶端效应",指的是顶端能够吸收更多的阳光雨露,因此生长得更快,进而带动整棵树的生长。在企业里,"以奋斗者为本"也会产生顶端效应,因为奋斗者积极拼搏,是带动整个团队进步的先锋力量,也是引领企业进步的先锋力量。

说到奋斗，有些人觉得就是加班加点，埋头苦干。其实，奋斗并非如此狭隘的所指，它更提倡聪明地奋斗、智慧地奋斗、高效地奋斗。奋斗是目的，主观上是为获得更多的报酬，但客观上是能为企业创造更多的利润。所以，奋斗不只是为企业，也是为自己。管理者要告诉员工：要为自己去奋斗，为赚取更多薪酬去奋斗。

2. 客观地考评"奋斗者"

"以奋斗者为本"，指的是以积极进取、争创更佳业绩的员工为本，对待这类员工，企业要予以奖励。而对于不思进取的员工，企业要予以鞭策、处罚，甚至将其淘汰。因此，"以奋斗者为本"不能缺少客观的考评机制。

一般来说，对奋斗者的考评包括这样几个方面：

（1）建立员工考评体系，科学地对员工进行定期评价。

（2）在薪酬分配上要向奋斗者倾斜，让奋斗者在经济上得到回报。

（3）建立中高层管理者任期制度，接受任期的全面考核评价，切实推行"能者上、庸者下"的竞争上岗制度，这一点异常重要。

（4）克服论资排辈问题，坚决以能力大小论英雄，而不是以资历深浅论高低。

这些考评内容其实就是企业绩效考核的内容，其本质是以员工的绩效为考核第一指标，强调用业绩说话，用结果说话。如果企业能够做到客观公正地考评，那么落实"以奋斗者为本"的企业文化就很简单。

在这种情况下，奋斗型员工就会心甘情愿地留下，偷奸耍滑的人便无所遁形。久而久之，企业就会进入到良性的人才循环状态，就像大浪淘沙一样，最后留下的都是金子。这样的企业才是最有竞争力的。

六、没有分歧的团队才能拧成一股绳

有这样一幅漫画：两头毛驴被拴在一起，在它们两边各有一堆草。为了吃到身旁的草，两只毛驴拼命向离自己近的草堆用力拽绳子，但由于绳子不够长，两只毛驴的力气又差不多，因此它们都无法吃到草。

经过一番较量，它们似乎明白了分歧和争斗是没用的。然后，做出了一致的行动。它们先一起走到一堆草旁边，吃完后再去吃另一堆草。最后，它们都填饱了肚子。

这幅漫画形象地刻画了动物在面对分歧和冲突时的样子，它启示我们：分歧是不利于团队合作的。身为管理者，你会经常遇到团队内部的分歧和冲突，如何处理好分歧和冲突，直接关系到你是否能对团队实现完美的控场。

优秀的管理者会让分歧变成共识，并在整个过程中，使大家更好地了解彼此的想法，提升团队的凝聚力，最终牢牢地掌控团队，让团队按照自己预期的路线前进。在这方面，通用公司第八任总裁艾尔弗雷德·斯隆是

个典型代表。

斯隆从来都不是一个害怕分歧的领袖，相反，他总是鼓励员工提出不同意见，让大家直面分歧。这种大气魄促使下属们勇于发表对决策的异议，因为大家不用担心发表异议而危及自己的职业生涯。

斯隆明白，要使通用的各个分公司在想法和行动上达成一致，最好的办法就是召开公司会议，让所有持不同意见的人全部出席，给大家公开发表观点的机会。他强调，要把分歧集中起来讨论，以便大家能了解彼此的不同想法。于是，他指示各分公司最高管理者定期召开意见碰面会，并且要求工程设计、制造生产和市场营销等部门的负责人出席。

举个简单的例子，当工程师提出想要在汽车上增加一个零部件时，他要先到生产部门去咨询这个做法的可行性，还要去市场营销部了解增加一个零件后的造价提高对销售的影响。而把大家召集起来，更利于大家面对面地交换意见。

斯隆是个完美的控场型领袖，他不愿意通用公司卷入任何一场分歧和矛盾之中，因为这会破坏公司的稳定。为此，他创立了各种特别委员会，定期和不定期地召开圆桌会议，以听取不同的意见，把分歧化解在决策之前。在实施决策之前，委员会还要听各委员对决策执行的不同意见，最终统一执行思想，促使高效执行。

管理者要明白，有人的地方就会有分歧、矛盾、冲突。分歧的含义很广，既包括人们内心的不同观点、想法，也包括外在的实际争吵、争斗。懂得如何处理分歧的领导者，才是高明的控场型领袖。

从管理心理学角度来看，分歧是员工之间、员工与组织之间的目标、认知或情感的不相容。作为管理者，重视员工之间的分歧和冲突，及时消除分歧，让大家思想统一，才能使团队保持凝聚力和战斗力。

对待分歧，管理者应该学会理解、善于包容。团队需要多样化的思想，需要不同的声音、观点、风格。因此，鼓励大家把不同的想法摆出来，不仅可以有效地避免冲突，还有助于营造"百花齐放，百家争鸣"的沟通氛围。

具体来说，发现分歧时，管理者可以通过以下步骤去化解分歧，如图9-5所示：

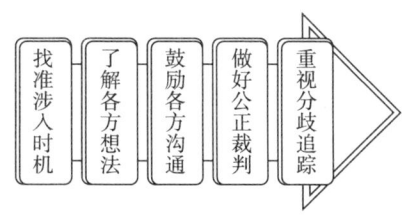

图9-5　化解分歧的五个步骤

1. 找准涉入时机

当团队内部出现分歧时，管理者可结合分歧的具体情况，选择时机涉入。如果分歧不严重，可以持观望态度，让员工之间去沟通，甚至是争辩。在观望期间，发现分歧没有缓和，反而越来越大，管理者就有必要涉入其中，与分歧各方沟通，了解他们的想法。

2. 了解各方想法

在涉入之后，管理者要做的工作是针对分歧点询问分歧方的想法。在员工讲述事件的前因后果时，管理者要认真倾听。这对员工而言是最好的尊重，也是心理上的一种支持。必要的话，管理者可以拿出纸和笔，把分歧方的观点记录下来。

3. 鼓励各方沟通

在听取分歧各方的意见后，管理者不必急着表态，而应协调双方保持冷静，再鼓励双方去积极沟通。对于如何沟通，管理者可以给出建议。比如，提醒分歧方从更积极的方向去沟通。如果分歧方还是无法化解分歧，达成一致，管理者再出面解决。

4. 做好公正裁判

在处理分歧时，管理者最好抛开个人的主观情绪，做个公正的裁判，给双方一个明确的态度和观点。这个观点应该体现出公平、公正，而且对团队和谐是有帮助的。比如，管理者可以对出现分歧的两名员工说："解决问题比吵架更有意义，我建议大家把分歧放一边，想个办法，怎么把这个问题解决了，怎么样？"通过引导，可以转移分歧方的注意力，使大家着手解决问题。

5. 重视分歧追踪

在化解分歧之后，分歧是否真的能变成一致的行动呢？或许不一定。作为管理者，应重视分歧化解之后的追踪，看分歧方在工作中是否能够和谐共处、行动一致、默契配合。如果分歧各方做不到这些，管理者要督促、引导和教育，务必保证分歧不会影响团队和谐，不会破坏团队的凝聚力。

第十章
别让危机动摇你的控制力

每个企业都有可能遭遇危机，应对危机最好的办法是防范。没有防范意识和应急预案，一旦爆发危机，将会直接导致企业正常的运营中断、失控，使企业形象蒙受损失。因此，提高危机防范意识，才不会让危机动摇你对企业的控制力。

一、做最坏的打算才有最好的准备

去年腊月,一位朋友所在公司的生产车间突然起火。突然出现的火灾让公司所有人都措手不及,大家一点应对办法都没有,给公司造成了严重的损失。万幸的是,没有人在火灾中受伤。

回过头来想,实际上这场火灾是有预兆的——寒冬腊月,车间所有的工人都大汗淋漓,差不多一半以上的人都到车间外面散热乘凉。因为车间里的温度太高了。可谁也没有往火灾那方面想,换句话说,这些不同寻常的征兆根本没有引起任何人的注意,包括车间主管。

从这件事中,我们可以发现:当一家企业没有危机意识和危机预防机制时,在危机爆发时显得多么不堪一击。很多管理者看到企业一直都很正常的运转,从来没有出现过突发事故,于是就忽视危机防范。如果等到事故和危机出现,再临时抱佛脚去处理,那一切就晚了。

有句话说得好:"做最坏的打算和最好的准备。"这就是危机防范的最高指导思想。做最坏的打算并非不思进取的消极心态,而是危机意识的一种表现。当你做了最坏的打算时,你才可能针对最坏的情况做最好的准备，才可能在危机发生时从容应对，从而最大限度地减少损失。

为什么企业一定要做最坏的打算和最好的准备呢？这是因为危机具有六个可怕的特性，这六个特性注定了应对危机是一项棘手的工程。若不去提前预防，突发事件根本无法应对。这六大特性就是（如图10-1所示）：

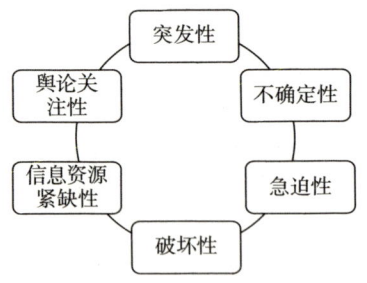

图10-1　危机的六大特性

突发性：危机往往是在企业毫无准备的情况下突然发生的，会给企业带来严重的混乱和恐慌，直接造成企业经济受损。

不确定性：危机的爆发往往没有明显的征兆，企业很难做出预测。换言之，危机什么时候出现，这个时间是不确定的。

急迫性：危机的突发性决定了企业在危机面前的反应和处理时间十分紧迫，延误一分一秒，就会给企业带来更大的损失。

破坏性：危机爆发后，会给企业带来严重的经济损失和负面影响，有些危机甚至会直接毁掉一个企业，让企业几年乃至几十年的苦心经营付诸东流。

信息资源紧缺性：危机往往突然降临，决策者必须迅速做出决策，在时间有限的条件下，混乱和惊恐的心理会严重影响信息的搜集和资源的获取，也就很难做出准确的决策。

舆论关注性：危机事件能够刺激和满足人们的好奇心理，成为人们谈论的热点话题和媒体跟踪报道的内容。面对危机，企业越是束手无策，危机越能增添神秘色彩，从而引起人们更多的关注。

尽管危机具有突发性和不确定性,带有很大的偶然因素,但大多数危机的产生是一个量变到质变的过程。如果企业管理者有敏锐的洞察力,有强烈的危机防范意识,完全可以避免危机的发生,或在危机发生后用得当的对策把危机造成的损失和负面影响降至最低。这就是防范危机的意义所在。

1. 树立强烈的危机意识

任何一家企业的管理者和团队的负责人,都应该具备高度的危机防范意识,营造一个危机防范的氛围,使全体员工在激烈的市场竞争中,带着危机感去工作,把预防危机作为日常工作的一部分。

(1) 对员工进行危机管理教育。企业危机防范工作不能只靠几个管理者来完成,而要靠全体员工的共同努力。经常对员工进行危机管理教育,可以提高全员的危机意识,提高企业抵御危机的能力,有效地防止危机发生以及应对危机。

2016年,在"3·15"国际消费者权益日前夜,马云在阿里巴巴治假团队誓师表示,假货就像病菌存在周围的空气里,跟假货的斗争,就是跟人性的阴暗面做斗争,是一场永久性的战争。我们不会因为害怕病菌而拒绝空气,也不能因此就放弃跟病菌作战的努力。马云说:"我们今天不是启动一个打假阿里队,而是启动一个打假中国队。"其实这就是阿里巴巴对员工的一次危机管理教育。

(2) 开展危机管理培训。危机管理培训相比于危机管理教育,它不只是强化员工的危机意识,更重要的是让员工掌握危机管理知识,提高危机处理能力和面对危机时的心理素质,从而提高整个企业的危机管理水平。

2. 建立危机预防的预警系统

危机预防必须建立高度灵敏、准确的预警系统,在这个系统中,信息监测是核心工作,随时搜集各方面的信息,及时加以分析和处理,把隐患消灭在萌芽状态。总地说来,要做到以下几点:

（1）收集公众对产品的反馈信息，对可能引起危机的各种因素和表象进行严密的监测。

（2）收集行业信息，研究和调整企业的发展战略和经营方针。

（3）收集并研究竞争对手的现状，进行实力对比，做到知己知彼。

（4）对所监测到的信息进行鉴别、分类和分析，对未来可能发生的危机类型及其危害程度做出预测和分类，并在必要时发出危机报警。

3. 成立危机管理机构

成立危机管理机构是危机管理的组织保证，它不仅是处理危机时不可或缺的组织环节，还是日常危机管理的一个重要机构。

（1）危机管理机构的两种形式。危机管理机构可以是企业独立成立的专职机构，也可以是一个跨部门的管理小组，比如，从各部门调集能力强的人，组成一个危机管理团队。企业可以根据自身的规模和可能发生的危机性质来灵活地决定成立何种形式的危机管理机构。

（2）危机事件发言人。在危机发生后，企业必然会被推向风口浪尖，成为媒体报道的中心。这就要求企业必须建立统一的信息出口，其中必须有一个专门负责对外传播的人员。这个人员的工作是负责与媒体沟通，接受媒体的采访，代表企业发声。这样便于统一口径，免得多个信息出口，造成信息不统一，引发更多的危机。

（3）制定危机应对方案。企业应根据可能发生的不同类型的危机，制定一整套危机应对方案，明确怎样防止危机爆发，危机爆发后应该怎么应对等问题。整个应对方案，应该是一个系统的流程：先做什么，后做什么，各个环节的工作均由什么人负责，这些都必须在危机应对方案中写清楚。

二、勇于承担自己应该承担的责任

当危机不幸爆发，企业主动承认错误，承担责任，积极采取补救措施，胜于一切诡辩或是沉默。比如，消费者投诉产品，如果情况属实，那么企业应该在第一时间向消费者道歉，并承诺承担相关的责任，再公开后续改善措施。

在2016年央视"3·15"晚会上，"饿了么"外卖平台被推到风口浪尖。原因是"饿了么"公司被曝光存在多个商家无证无照经营的情况，而且该公司经理居然为这些无照经营的外卖商家提供各种支持，如引导商家虚构地址、上传虚假实体店照片等。

面对这一危机，"饿了么"公司快速做出回应：

在危机爆发的第二天，即3月16日，"饿了么"公司创始人兼CEO张旭豪发内部信称，公司确实存在无法回避的问题（即承认被曝光的事实），并表示公司管理层愿意承担相应的责任。当天，张旭豪来到财经频道上海演播室，借助媒体平台向全国消费者和商家致歉，表示会让那些违规商户立即下架。

3月22日,"饿了么"公司公关部发文,通过媒体对外公示如何整顿无牌照商家的具体措施。同时,张旭豪发表文章表示,公司会坚守"用户价值第一"的经营原则。

由于采取的措施得当,"饿了么"公司的形象并未在这次危机中受损。相反,"饿了么"公司还从这次危机事件中建立起了敢于承担责任的新形象。据统计,在外卖领域,"饿了么"公司的市场份额在2016年的第一季度保持优势地位,以30.4%的市场份额领跑。

危机发生之后,你的处理措施是否会赢得利益相关者的谅解,关键在于你的第一反应所体现出来的动机和意图。如果公众对你的第一反应的解读是善意的,觉得你这个人(你们公司)还是不错的,那么你(你们公司)就还有反败为胜的机会。如果公众对你的第一反应的解读是恶意的,那么将对你消除危机、挽救公司受损形象造成极大的不利。

那么,怎样的第一反应才容易被公众解读为"善意"呢?如图10-2所示:

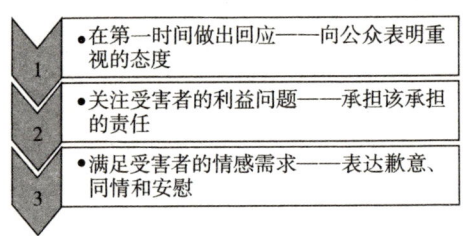

图10-2 容易被善意解决的处理方式

1. 在第一时间做出回应——向公众表明重视的态度

危机发生后,无论事实是否属实,企业都应该在第一时间做出回应,向公众表明你很重视这次事件,传递企业对事件的负责态度。

危机发生后,企业最高领导人要尽早出面,亲自回应,以表现出对事件的高度重视。企业危机公关团队中,必须至少有一名以上获得完全授权处理危机事件的高层人士。记住,一定要避免反应迟缓激怒公众。

2012年，麦当劳在被央视"3·15"晚会曝光后2小时内快速发表声明，将"立即进行调查，坚决严肃处理"，如此明确的表态为麦当劳争取了主动。随后麦当劳发表了一系列的声明，不断使用"歉意""重视""感谢"三个关键词，向公众传递了企业对事件的负责态度，赢得了公众的谅解。

2. 关注受害者的利益问题——承担该承担的责任

在发现企业确实存在过失的阶段，企业应向公众承诺会承担相应的责任。这种承诺不只是嘴上说说，而应该立即落实到行动上，甚至要做得比公众期望的更好。因为危机发生后，利益相关者最关心的是自身的利益问题，这也是公众关注的焦点。

广州某公司生产的电器产品因质量问题被投诉，经媒体报道后，引起了广泛的舆论关注。公司管理者第一时间联系投诉者，得知用户违反产品操作说明，才造成产品损坏。尽管在这次事件中，用户有很大一部分责任，但企业没有将责任推给用户，而是及时协商解决，承担了一定的赔偿责任。很快，危机事件就被平息了。

在产品质量危机事件中，广大消费者最关心的就是自己的利益。即使受害者在事故发生中也有一定的责任，企业也不应推卸责任，强行为自己洗白。否则，会造成双方各执一词，加深矛盾，更不利于危机的解决。

承担责任表现为，企业相关负责人要在第一时间到危机现场处理善后事宜。随着时间的推移，媒体对危机事件的关注程度会逐渐降低，报道量也会相应减少。但是企业应该及时把后续的处理信息通过各种渠道传递给"目标受众"（利益相关者）。这项工作一直要坚持到危机得到圆满解决。

当然，如果企业调查后发现情况不属实，如消费者投诉的内容不存在，最好的办法是第一时间做出解释，并邀请媒体和消费者参观，体验产品，做到透明公开。

3. 满足受害者的情感需求——表达歉意、同情和安慰

危机发生后，利益相关者还会关注情感方面的问题，他们很在意企业是否重视自己的感受。因此，在危机爆发后，企业应站在受害者的立场表达同情和安慰，并通过新闻媒介向公众致歉，满足公众深层次的心理、情感需求，从而赢得公众的好感和理解，争取公众的信任。

俗话说得好："买卖不成情意在。"重视并满足利益相关者的情感需求，能够为企业加分。我记得当年波音公司处理印度的一个危机事件时，其总裁在刚下飞机时就做出一个下跪的举动，这就是在表达歉意，争取公众情感上的支持。

实际上，受害者、公众和媒体的心中都有一杆秤。他们对企业处理危机事件有心理上的预期，即"企业应该怎样处理，我才会感到满意"。因此，企业一定要照顾他们的情感和感受，无论如何都不能选择对抗，诚恳的态度至关重要。

三、多个渠道主动说明事实真相

面对危机事件和负面新闻时，有些企业管理者会有一种鸵鸟心理，即把头钻到沙子里，逃避现实问题，采取回避的态度。或者有一种"没做亏心事，不怕鬼敲门"的"清者自清"的态度，不去积极回应问题。以为只要自己不理会，事情就会慢慢平息，如果紧张兮兮地回应，反而会显得心里有鬼，会把事情越闹越大。殊不知，这种视而不见、掩耳盗铃的做法是多么的愚蠢。

无数危机事件的处理结果表明，在企业爆发危机事件和负面新闻后，企业对危机的处理效果如何，很大程度上取决于企业是否有真诚沟通的态度。如果企业能够借助新闻媒体，积极坦诚地与公众沟通，表达对事件的重视，对公众情感的关注，就可以在公众面前树立负责的形象。反之，则是藐视公众，对抗公众，结果可想而知！在这方面，农夫山泉就曾吃过亏，对我们有很大的启示。

2013年5月，农夫山泉的"标准门"事件在北京闹得沸沸扬扬。深陷舆论漩涡中的农夫山泉，没有真诚地与公众沟通，而是与报道它的媒体

《京华时报》针锋相对,结果事件越闹越大,引起了更多公众的关注。

作为国内饮用水领域的知名品牌,农夫山泉并未控制好"标准门"事件的事态发展,反而一再将事态推入一个又一个旋涡。最后,农夫山泉干脆与媒体及公众死磕到底,用"人在做,天在看"的激愤言语和全版广告,将美国检测机构对农夫山泉饮用水的检测结果公布出来,以证明自己是清白的。然而,事件发展到这个阶段,公众并不买它的账,这一监测结果的公布也没有得到公众的认可。

企业处于危机漩涡中时,必然会成为公众和媒体关注的焦点。企业的一举一动都会变得透明,并被公众和媒体解读。因此,千万不要有清者自清的心理,或有侥幸心理,企图蒙混过关。而应该主动与新闻媒体联系,尽快与公众真诚地沟通,说明事实真相,促使双方互相理解,消除疑虑与不安。

这是处理危机非常关键的一步。因为危机事件是否会恢复平静,主要看公众的反应有没有平息,舆论是否还和往常一样强烈。因此,无论企业是清白的,还是真的错了,都应该表现出应有的沟通诚意。如果企业是清白的,就要说明事实真相;如果企业真的错了,就应该承认错误,请求公众谅解,承担该承担的责任。

那么,企业应该通过什么途径与公众沟通,又怎样与公众沟通呢?

1. 选择多种途径与公众沟通,说明事实情况

新媒体时代,可选的公众沟通平台多种多样,企业既可以通过传统的新闻媒体发声,比如,在报纸、电视上说明事实情况。也可以在网络上回应危机事件,比如,通过微信、微博等平台发声。当然,也可以同时选择多种渠道发声。

我相信选择什么途径与公众沟通,根本不是企业应对危机时的一个难题,因为在当今时代,能够借助的沟通平台实在太多了,只要企业想针对危机事件做出回应,就可以在下一秒把信息传递给公众。而一旦企业对事

件做出回应，就会成为新闻热点并被各大媒体转播、被公众沟通平台转发。

2. 保持真诚的沟通态度，让公众看到你的诚意

既然企业选择了与公众沟通，那就要表现出真诚的态度。真诚的沟通态度，即诚意、诚恳、诚实，如图10-3所示：

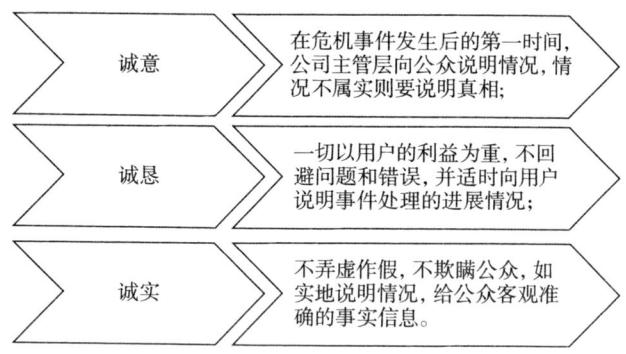

图10-3 真诚沟通的表现

如果企业做到了以上"三诚"，就很容易赢得公众的谅解和支持。

特别要注意的是，在事件不属实的情况下，企业发言人绝不能表现出愤怒的情绪或居高临下的架势，对公众进行说教或者发号施令，而应当为公众提供足够多的事件信息，让大家做出判断，这就是所谓的"参与性传播"。

另外，在事件调查结果未出来之前，企业发言人切勿用"无可奉告"一类的外交辞令来搪塞新闻媒体。而应该向公众解释此时为何没有可供发布的信息，比如，事件还在调查中，结果还没有出来。

3. 掌握信息发布的技巧，保证最佳的沟通效果

企业发言人在发布信息或接受新闻媒体采访时，要掌握好信息发布和发言的技巧，才能达到最佳的沟通效果。以下几个发言的禁忌需要避免，如图10-4所示：

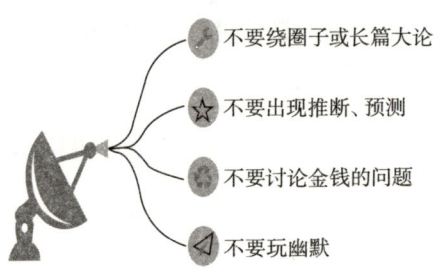

图10-4 公关人员发言的禁忌

（1）不要绕圈子或长篇大论。发布信息或接受采访时，应开门见山地说出核心内容，说出公众最关注的信息。没必要以背景介绍开场，更不能长篇大论，因为在危机公关过程中，公众和媒体没有兴趣听你长篇大论。干脆利落地亮出"底牌"，才能给公众吃下"定心丸"。待公众的心情逐渐平静下来，再向他们提供更多的信息。换言之，你应该尽可能直接告诉公众你们会怎么处理问题。

（2）不要出现推断、预测。在发布的信息或说出的话中，不要出现任何推断、预测性的言论，也不要回答任何假设性的问题。因为任何主观臆断都会让发言人陷于被动，损害企业的公信力。正确的做法，坚持以已知的事实为依据。

（3）不要讨论金钱的问题。在危机爆发之初，企业最重要的任务是搞清楚用户的利益是否受到了损害，是否有扩大影响的可能性。企业自身的财产损失是第二位的。此时不要谈论企业投入了多少金钱用于处理危机，因为这并不能说明企业对危机的重视程度，谈论具体的处理措施比谈论金钱更能打动公众。

（4）不要玩幽默。虽然幽默有助于缓解人们的精神压力，但这只适用于"关起门来"的私人场合。在处理公关危机时，使用幽默的强调是不合适的，很容易激起公众的反感。有些公司发言人在处理危机时，往往眼前的危机还未平息，又因自己不适当的幽默引发了另一场危机。

比如，2013年小米公司在台湾举办的网络购买红米机活动中，虚报商品数量，引人误解，台湾公平交易委员会认定其违反公平交易法，对其开出60万元（台币）的罚单。这件事引发了公众和媒体的关注。

小米公司第一时间在其官方微博做出了回应，"对不起，我们的确少了30台！"还配了一张小孩捂脸的照片，表示诚挚歉意。这种略显幽默的回应很快就引发争议，很多网友表示小米这哪是在道歉，分明是傲慢和玩世不恭的调侃，一点诚意都没有。这再次让小米公司陷入舆论的漩涡。

四、抓住"黄金8小时"控制住事态

俗话说:"好事不出门,坏事行千里。"新媒体时代,负面信息会像病毒一样,以裂变的方式高速传播。过去的黄金24小时原则已经不再适用了,企业必须在八小时内做出积极的回应,这样能够缩短三分之一的危机持续时间,有效地控制负面声音。如果超过24小时再回应,危机持续酝酿的时间拉长了三分之二,事态发展就很难控制了。

之所以强调必须在八小时内做出积极回应,是因为危机突然爆发时,大众急于了解事情的真相,负面情绪容易高涨。如果企业不及时发声告知公众事件的原委,大家就很容易遭到各种谣言、猜想的蛊惑,继而以讹传讹,使企业在危机的漩涡中陷得更深。另外,企业不及时发声,还会被公众质疑不够有诚意。

所以,企业必须当机立断,快速反应,果断行动,与媒体和公众进行沟通。这样才能有效地控制事态发展,防止事态进一步恶化。切记,危机发生后,能否尽快控制住事态,使其不扩大、不升级、不蔓延,是成功处理危机的关键。

第十章　别让危机动摇你的控制力

2016年5月11日21时，网易的服务器出现了异常，随后用户抱怨声不断，紧接着谣言四起。有说网易大厦着火了，也有关于网易其他方面的谣言。对于这一负面事件，网易官方在21时42分发布声明，对事件做出了积极回应，反应时间控制在1个小时内。

声明原文：

尊敬的网易用户，2016年5月11日21点，因骨干网络遭受攻击，导致网易旗下部分服务暂时无法正常使用，技术人员正在抢修中，具体修复时间请关注稍后公告通知，给您带来的不便敬请谅解。

关于网易大厦着火的新闻为谣言，网易公司保留追究法律责任的权利。

在这次危机应对中，网易的反应时间把控得非常到位。在危机爆发后的八小时内所做的回应，就是给危机事件定基调，也是在表诚意。这就好像我犯了错，别人刚骂我一句甚至还没开始骂我，我就扑通一下跪下来，哐哐地磕两个响头。一般人见到这种情况，都会有点懵，开始审视自己是不是骂的有点过分了？同时也会觉得我足够有诚意。

当然，跪下来磕头只是一个形象化的比方，并非任何危机事件发生后，企业都要下跪求饶，磕头道歉。企业具体如何回应，以什么样的姿态回应，还需结合具体的事件，看事情是否属实，看事态的严重程度，再来思考用怎样的语言去回应。

那么，从危机事件爆发，到第一次做出回应，再到危机事件的处理，在这一整个过程中，企业应做好哪几项工作呢？

1. 快速而深入地调查事件原委

看了网易在事件发生后的第42分钟发出声明，也许有朋友会说："42分钟太长了吧？不就是发一条微博吗？怎么那么费劲呢？"其实，在这42分钟内，网易管理层并不是闲着的，他们忙着对事件的原委进行调查，确保给公众一个全面、准确的声明。

要知道，危机处理所坚守的八小时原则，并不能理解为"越快做出回应越好"。快速回应是建立在准确了解事件原委的基础之上的。有些危机事件所涉及的情况特别复杂，这时企业应该深入地调查原委，谨慎地组织语言来回应。如果错误地理解"八小时原则"而仓促回应，就很容易因回应不当给企业惹来更多的麻烦。

所以，在危机发生后，在做出回应之前，企业应该快速而深入地调查事件原委，核实负面消息，看看企业到底是否存在负面事实。为此，企业公关负责人应该在第一时间赶赴事件现场，查找事件的起因、发生事件、目前状态，或查找信息源头，及时核对事实。做好了调查工作后，再来思考用怎样的语言做出回应，才能有效地控制住事态。

2. 主动联系新闻媒体说明情况

在调查清楚事件原委、核实了负面消息、想好了怎样做出回应之后，企业公关负责人应该马上联系新闻媒体说明情况，向公众做出回应。做好这件事至关重要，因为媒体的聚焦报道会产生几何倍数的影响力，事关企业的形象。如果不希望媒体对事件的报道有所偏差，最好的办法是主动联系媒体，提供客观真实的资讯，给媒体留下良好的印象。

反之，一旦企业回避媒体，或与媒体发生冲突，就很容易导致事态迅速升级。这会对企业造成巨大的负面冲击。所以，企业公关发言人的角色相当重要，首先职位层级要够高，其次要掌握事件的准确信息，且有与媒体打交道的经验。

3. 抓紧时间制定危机处理方案

在企业危机公关负责人联系媒体说明情况的同时，企业的危机管理团队应该紧锣密鼓地制定危机处理方案。在公关人员首次联系媒体，对事件做出回应后，企业就应该立即着手处理危机了。不同的危机事件有不同的处理方法，比如，处理生产事故时，企业高管和公关人员应赶赴现场，清点伤亡人数、抢救伤员、清算损失数额、制定赔偿、安抚方案等。

而对于网上传播的负面新闻，企业可采取以下几种处理方案，如图 10-5 所示：

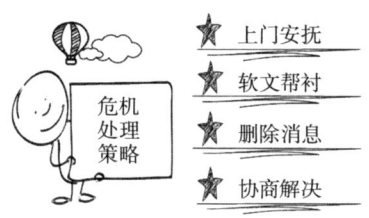

图 10-5　危机处理策略参考

（1）上门安抚。2006 年 5 月 22 日，和讯博客上出现了一篇关于海尔的负面文章。事情是这样的：

一名顾客购买的海尔冰箱出现了质量问题，但海尔三天后才予以调换。该顾客非常生气，就在和讯博客上写了一篇文章宣泄对海尔售后服务的不满。

海尔售后部门看到这名顾客的抱怨后，迅速采取措施，立即派服务人员提着两个大西瓜作为礼物，登门道歉。与这位客户解释了为何调换的冰箱三天后才送达。

事后，该顾客在博客里反馈道："我很感动……因为我的一个帖子，海尔派人上门沟通，让我有点自我感觉良好，感到作为用户受到重视。"从这段话可以看出，顾客对海尔的负面质疑转变为理解包容的态度。

由此可见，在负面事件发生后，企业若能第一时间处理，就很容易控制住事态，甚至直接消除危机。

（2）软文帮衬。面对网上的负面报道，企业危机公关团队可以策划相关的软文，针对负面报道进行委婉地引导，暗中帮衬企业，设法淡化负面新闻对企业造成的不良影响。

（3）删除消息。对于负面消息，如果与事实不符，企业在做出如实回

应后,要尽快联系刊登负面消息的网站网管或负责人删除。

(4)协商解决。在危机处理过程中,如果有必要,企业可与受害者直接沟通,协商解决对策。但要记住,这种处理方式一定要透明化,绝对不能暗中进行。否则,一旦被曝光,可能会让企业再次陷入被动。比如,在"西门子冰箱门"中,西门子公关代理试图与罗永浩私下和解,没想到电话录音被罗永浩放到了网上高频曝光,这让西门子公司很被动。

五、请有影响力的第三者为你解释

在危机发生后,有些企业顽固地认为身正不怕影子斜,或整天拿着高音喇叭喊冤。殊不知,自己称赞自己是没用的,没有权威的认可只会徒增笑柄。聪明的做法是曲线救国,请重量级的第三者在台前幕后为自己说话,消除公众对自己的误解和警戒心理,争取获得更多人的信任和支持。

2011年8月23日,有媒体报道称,海底捞白味汤锅及饮料是冲兑而成的,且海底捞的部分门店存在员工偷吃熟食、筷子掉到地上捡起来不洗又接着用、肉类并非如宣传的那样严格称重等现象。

这一消息曝出后,海底捞当天就在官方微博中承认勾兑属实。同时,他们表示勾兑符合部分安全要求,并留下联系电话,欢迎用户和媒体提出疑问,公司会在第一时间解答公众心中的疑问。这一举措充满了诚意,有效地防止了事态升级。

对于员工偷吃事件,海底捞回应道:会严肃处理相关人员,但不会辞退,并会请心理辅导师对出事门店的服务员进行心理疏导,防止他们压力

过大。这一举措不仅体现了海底捞的对外公关水平,也体现了他们对员工的重视和关怀,为其企业形象加分不少。

2011年9月2日,海底捞邀请众多媒体记者参观位于四川的火锅底料生产基地。这一招为海底捞赢得了很多正面报道,网友纷纷表示,海底捞仍然是其心中服务最好、味道上佳的火锅店。

面对危机事件,企业最忌讳的是把媒体视为敌人,对其避而远之。相反,应该主动联系媒体,借助媒体的力量,针对事件发表声明,做出积极回应。要知道,媒体作为第三方,与危机事件不存在直接的利害关系,其所发表的言论更容易得到公众的信任。

传播学开创者霍夫兰曾通过大量的实证调查得出结论:信息来源的可信度越高,其说服效果越大;反之,则越低。在危机发生时,公众非常渴望权威的信息,来自权威的第三方声音可以安抚很大一部分公众的情绪,为企业制定处理方案争取到短时间的稳定局面。因此,企业应寻找相关产业的权威媒体、权威部门和权威人士,争取得到他们的支持,并及时发布他们所持的对本企业有利的观点或检测报告,这是危机公关时不可缺少的一个策略。

1. 疏通媒体关系,争取权威媒体的支持

媒体在危机公关中扮演着非常重要的角色,它们既是信息的传播者,也是危机事件发展的监督者,还是公信力强大的第三方,他们的言论会直接影响危机公关的走向和结果。尤其是一些主流的媒体,由于其权威度高、影响力大,如果能得到他们的支持,那么对于企业有效地控制事态发展,消除危机的负面影响,将起到不可估量的作用。

所以,企业应该尽可能争取那些主流媒体(包括主流门户网站)的支持,转发他们对事件的正面报道。如果无法争取到主流媒体的支持,也要尽可能争取更多的非主流媒体的支持。毕竟,声援你的媒体越多,对你会越有利。比如,邀请各大媒体参加企业召开的新闻发布会,参加企业组织

的产品检测实验等。

2. 邀请社会组织、权威机构加入危机公关

企业还可以邀请社会组织、权威机构参与到危机公关中来。可以策划相关的答疑会，还可以邀请权威机构介入事件的调查。比如，在产品质量的负面新闻曝出后，可以请消费者协会介入调查，只要产品质量合格，就可以保证调查结果对企业是有利的。

北京一家食品加工公司被消费者投诉，一时间引起了媒体的关注，媒体记者纷纷前往该公司采访。公司高层管理者积极出面接受采访，客观说明情况，表示公司食品并不存在用户投诉的质量问题。

为了证明自己的清白，第二天该公司就积极联系消费者协会，并邀请对方派人介入调查食品质量问题。经消费者协会调查，确实发现不存在用户投诉的质量问题。此消息一经报道，食品质量谣言不攻自破，危机事件很快就平息下来。

3. 邀请社会名流、意见领袖为你说话

如果媒体不买账，如果社会组织、权威机构不帮忙，那也别灰心。还可以邀请社会名流、意见领袖为你说话。比如，行业专家、有影响力的企业家、成功人士、明星等，如果他们能说一两句对你企业有利的，哪怕是中立的话，也有助于安抚一部分公众的情绪。要知道，他们都是有影响力的人物，他们也有相当数量的"粉丝"，他们的观点很容易得到其"粉丝"的支持。

此外，企业还可以邀请一些产品用户、客户、供应商参与到危机公关中来。比如，召开用户见面会、供应商座谈会，还可以邀请他们参观你们的生产车间，见证产品生产、制造的过程（针对产品质量危机），让他们替你企业说话。

六、危机处理不能顾此失彼

有句话叫"病急乱投医",企业在处理一种危机时,不能胡乱采用应对策略,以至于"按下葫芦起了瓢",消除了这个危机,又引起了其他危机。切记,处理危机时必须遵循系统运作的原则,绝不能顾此失彼。这样才称得上危机处理,从而为企业赢得平稳发展的环境。

当今社会,企业之间的竞争异常惨烈,被竞争对手攻击是很常见的,也是让很多企业头疼的事情。企业之间有了口舌之争,难免就会擦枪走火,引起相应的公关危机。这个时候,企业在应对危机时,切勿牵连无辜的用户。在这方面,腾讯公司就曾犯过错。

2010年,360公司推出了一款针对腾讯公司QQ的产品——扣扣保镖,该产品被腾讯公司视为恶意外挂软件。结果,爆发了"3Q大战"。

在这场没有硝烟的战争中,360公司对外一直以"保护用户"和"反对寡头垄断"的正义使者姿态出现,博得不少网民的好感。

再看腾讯公司的应对方案:

腾讯公司在11月3日做出了一个令全国网民震惊的决定:QQ服务暂

停在装有360软件的电脑上运行,直至360公司停止攻击。这无疑是把战火导向了网民身上,让无辜的网民深受其害,招致了广大网民的反感。于是,很多网民开始认同并支持"360指责腾讯垄断"和"不重视用户感受"等言论。

结果,360公司以保护网民的形象出现,得到八成网友的支持。腾讯公司虽然后来及时止损,但还是在这场战争中落入下风。据相关数据显示,2010年第三季度,腾讯公司市值蒸发了200多亿港元。

事实上,公关大战并不是为了压倒对手,而是为了争取更多公众的支持,让他们站在你的阵营,认同你、支持你,这就是胜利。不只是公关大战,企业的任何危机都应该设法获得更多公众的支持,有了公众的支持,危机自然会变成转机。

"3Q大战"原本是两家企业之间的事,腾讯公司在应对这次危机事件时,没有遵循系统运行的原则,让无辜的网民卷入其中,受到牵连。这就告诉我们,在处理危机时要站在整体的角度进行全面而缜密的策划,严守系统运行原则,切勿顾此失彼。

要想遵循危机处理的系统运行原则,具体应做以下几点(如图10-6所示):

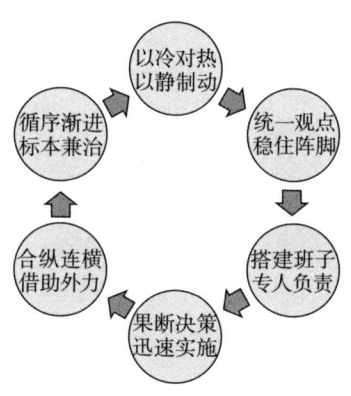

图10-6 危机处理的系统运作原则

1. 以冷对热，以静制动

面对危机时，企业高层管理者应该做到以"冷"对"热"、以"静"制"动"，表现得镇定自若，切勿慌张。这样可以在很大程度上安抚企业员工的心，以免企业人心惶恐，影响正常的工作。

值得注意的是，以"冷"对"热"、以"静"制"动"，是一种处理危机的心态。在应对危机时，还需遵循快速反应的原则和真诚沟通的原则，这样才能表现出对利益相关者的重视，给公众一个明白的交代。

2. 统一观点，稳住阵脚

危机出现后，企业要对危机有清醒的认识，内部人员应迅速统一观点、统一口径，安排企业发言人与传媒互动。这样可以避免多人发言、口径不统一而再次引发危机。如此，才能稳住企业的阵脚，有效地控制事态。

3. 搭建班子，专人负责

为了保证高效地处理危机，也是为了保证对外口径一致，企业务必以最快的速度搭建危机处理班子，让专人负责专项的事务。比如，选出公关发言人、信息调研人员、危机方案策划人员、危机方案实施人员等等。这样专人负责专项事务，方可确保危机处理有条不紊地进行。

4. 果断决策，迅速实施

危机发生后，企业一定要果断决策，最大限度地集中资源，系统部署，迅速地实施处理方案。在实施方案时，各项工作负责人应协同作战，牢记共同的使命，保持统一的步调，争取圆满地落实方案。

5. 合纵连横，借助外力

危机发生后，企业应多方联络，充分借助外力。除了寻求媒体的支持，企业还应和政府部门、行业协会、同行企业等保持积极互动，争取得到他们的支持，从而更好地应对危机。

6. 循序渐进，标本兼治

要想根除危机，企业就必须在控制事态后，深入地调查事情的原委，找到危机的根源问题，对症下药，争取给危机"断根"。如果仅仅满足于平复危机，仅停留在治标的阶段，很可能前功尽弃，甚至引发新的危机。这显然不符合危机处理的系统运作原则。

七、危机善后：安抚，总结，整顿，重塑

危机事件往往具有轰动效应，能够引起社会公众的情绪化反应，引起媒体的强烈关注。危机又具有危害性，甚至是灾难性。尽管在危机处理中，企业能够通过努力有效地控制危机蔓延，但对危机带给利益相关者的伤害、损失以及公司的声誉受损，这都是既定事实。怎样才能平复危机的余波，减少对利益相关者的伤痛，赢得他们的谅解，又怎样挽救公司的声誉呢？这与危机善后工作做得好不好息息相关。

危机善后工作的主要目标就是消除危机处理的遗留问题和影响，通过一系列危机善后管理工作来重塑公司的形象。危机事件的善后工作做得好不好，企业自己说了不算，而要让利益相关者和社会公众来评价。这种评价通常有两个标准。

（1）可靠性。所谓可靠性，即企业的危机善后工作是否让人觉得相关的补偿足够有诚意，相关的保障措施足够可靠。关于可靠性，一般要求是必须与利益损害的程度成正比。比如，在飞机失事后，航空公司是否给遇难者家属足够的经济赔偿和情感安抚。再比如，美国"9·11"重大安全

危机之后，美国的安保措施都会提升到最高级别，这样社会公众才会觉得国家可靠，才会有安全感。

（2）可控性。所谓可控性，即让危机事件处于利益相关者能力可控的范围之内。比如，2012年7月，北京的强降雨造成市民恐慌，有人直接淹死在车内。政府在善后工作中，青睐专家教大家在汽车被淹后如何有效地逃生。这一举措让公众明白，车被水淹了是可以凭借自己能力逃生的，从而有效地缓解了人们的恐慌心理，安抚了公众的不安情绪。

具体来说，危机善后包括以下四方面的工作，如图10-7所示：

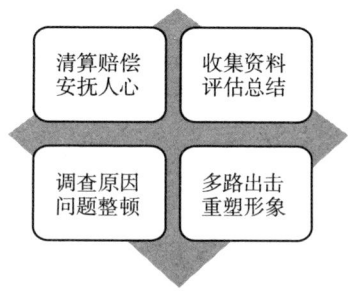

图10-7 危机善后的四方面工作

1. 清算赔偿，安抚人心

危机善后工作做得好不好，反映了一个企业的社会责任感、社会良知和人情味，直接关系到企业的声誉和形象。尤其是当危机事件对利益相关者造成损失和伤害时，相应的赔偿、安慰、关怀行动一定要及时到位，给公众一定的物质补偿和精神抚慰。切勿在危机爆发时高调许诺，危机平息之后却不兑现。

美国福特汽车公司曾因凡士通的问题轮胎名声大损。为挽回公司形象，福特公司不惜耗资350万美元，在全美200多家知名网站上刊登了一则公告："有关凡士通轮胎一事，请点击福特的正式新闻主页。"

点开主页后，里面介绍了更换轮胎的地址、公司新闻公报以及联系方式。这则公告所传达的信息是：给您造成的损失，公司会承担赔偿责任。

请相信福特公司的努力,一切问题都可以得到解决。

调查显示,公告刊出后的一周时间,这则公告的点击数量高达 5000 万次。虽然福特因轮胎事件声誉受损,但随后的善后工作至少证明了它是一家负责任、有良知的企业。

2. 收集资料,评估总结

危机对企业造成的巨大损失,会给企业带来沉痛的教训。所以,企业对危机进行认真而系统的评估总结是很有必要的。

评估总结是建立在大量收集资料的基础之上的,比如,相关政府的评价部门给事故所下的结论,媒体在危机期间的新闻报道情况,目标公众对危机处理的反馈和评价,竞争对手的反响等等。

在总结危机处理的情况时,要详尽地列出危机处理过程中存在的各种问题。比如,企业做得好的方面和不好的方面,把经验和教训总结出来,并整理归档。

另外,企业还有必要对比同行企业曾发生过的类似的危机及他们在危机处理中的表现,看看自己是否在危机处理水平上存在差距,存在哪些不足,积极吸取同行处理危机的经验,取人之长。同时,要吸取同行处理危机时的不足之处,引以为戒。

3. 调查原因,问题整顿

在危机评估总结之后,企业应着手调查造成危机的深层原因,再提出有针对性的整顿方案,然后将调查结果和整顿方案提交董事会、股东,再告知利益相关者。然后,着手开展整顿工作,根除深层次的问题,从源头上消除危机和隐患,为企业健康平稳发展创造稳定安宁的环境。

4. 多路出击,重塑形象

危机的爆发势必会对企业声誉和形象造成损害,因此,尽管危机得到了平复,问题得到了解决,但这不等于危机处理工作结束了。企业要积极

采取措施,多路出击,恢复和重建良好的公众形象。以下三种策略值得参考,如图10-8所示:

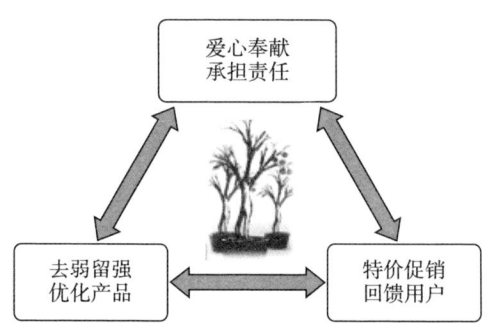

图10-8 可供参考的形象重塑策略

(1) 去弱留强,优化产品。经过危机的洗礼,企业更能明白消费者需要什么,明白企业的问题和自己的真正优势。这对于产品研发和生产,提升品牌竞争力是最好的契机。比如,在产品质量事故之后,企业认识到了产品的问题,之后淘汰了不被消费者看好的产品,完善了产品功能,创新了产品优势。然后,开展行业研讨会、专家论坛、产品发布会,邀请行业专家、权威人士、意见领袖,通过他们发声支持,就可以塑造新的品牌形象。

(2) 特价促销,回馈用户。在危机发生后,企业可以在销售终端推出公益活动或让利活动,这样更能激发消费者的消费热情。因此,为了消除危机事件对消费者造成的不愉快,企业一定要"舍得"。比如,推出特价促销、大力度的回馈活动等,可以让消费者得到实惠,从而挽回公司的声誉。

要注意的是,采取特价促销活动时,一定要确保公司产品质量危机后,产品的质量被证明和澄清是没有问题的。这样广大消费者才能放心购买,否则,会被消费者解读为"企业低价甩卖问题产品",再一次把企业推入危机旋涡。

（3）爱心奉献，承担责任。2005年，安婕妤化妆品遭到消费者投诉，起因都是消费者在使用产品后发生过敏反应，与产品宣传不相符。随后危机爆发，成为舆论关注的焦点。危机之后，安婕妤主动联系受害者、送检产品、发布声明，还举办了"重建校园计划希望小学助学童"等公益活动，很好地挽回了消费者的信任，修复了危机事件中受损的品牌形象。